中 国 画 名 家 册 页 典 藏

清代传世经典册页

（下卷）

中国画名家册页典藏编委会 编

浙江人民美术出版社

图书在版编目（ＣＩＰ）数据

清代传世经典册页. 下卷 / 中国画名家册页典藏编
委会编. -- 杭州 ：浙江人民美术出版社，2020.12
（中国画名家册页典藏）
ISBN 978-7-5340-8321-1

Ⅰ. ①清… Ⅱ. ①中… Ⅲ. ①中国画－作品集－中国
－清代 Ⅳ. ①J222.49

中国版本图书馆CIP数据核字（2020）第159096号

中国画名家册页典藏丛书编委会

彭　德　黄秋桃　吴大红　杨瑾楠

刘颖佳　张　群　杨海平

责任编辑：杨海平
装帧设计：龚旭萍
责任校对：黄　静
责任印制：陈柏荣

统　　筹：梁丹辰　何经玮　张素婷

中国画名家册页典藏　清代传世经典册页（下卷）

中国画名家册页典藏编委会 编

出版发行　浙江人民美术出版社
　　　　　（杭州市体育场路347号）
网　　址　http://mss.zjcb.com
经　　销　全国各地新华书店
制　　版　浙江海虹彩色印务有限公司
印　　刷　浙江海虹彩色印务有限公司
版　　次　2020年12月第1版
印　　次　2020年12月第1次印刷
开　　本　889mm×1194mm　1/12
印　　张　14
字　　数　146千字
印　　数　0.001-1,500
书　　号　ISBN 978-7-5340-8321-1
定　　价　138.00元
如有印装质量问题，影响阅读，请与出版社营销部联系调换。
联系电话：0571-85105917

图版目录

高凤翰

005　山水纪游图册

010　山上图册

012　自题牡丹图册

016　拳石图册

018　杂画图册

024　杂画图册

李鱓

031　风雨芭蕉图页

032　花鸟图册

038　花卉图册

金农

051　梅花图册

058　山水图册

062　人物山水图册

070　杂画图册

074　花卉蔬果图册

082　墨梅图册

虚谷

089　杂画册

090　山水图册

100　杂画册

106　花卉蔬果图册

118　杂画册

126　花果图册

任颐

133　没骨花卉册

139　花鸟册

147　人物册

154　白描人物册

157　团扇集锦

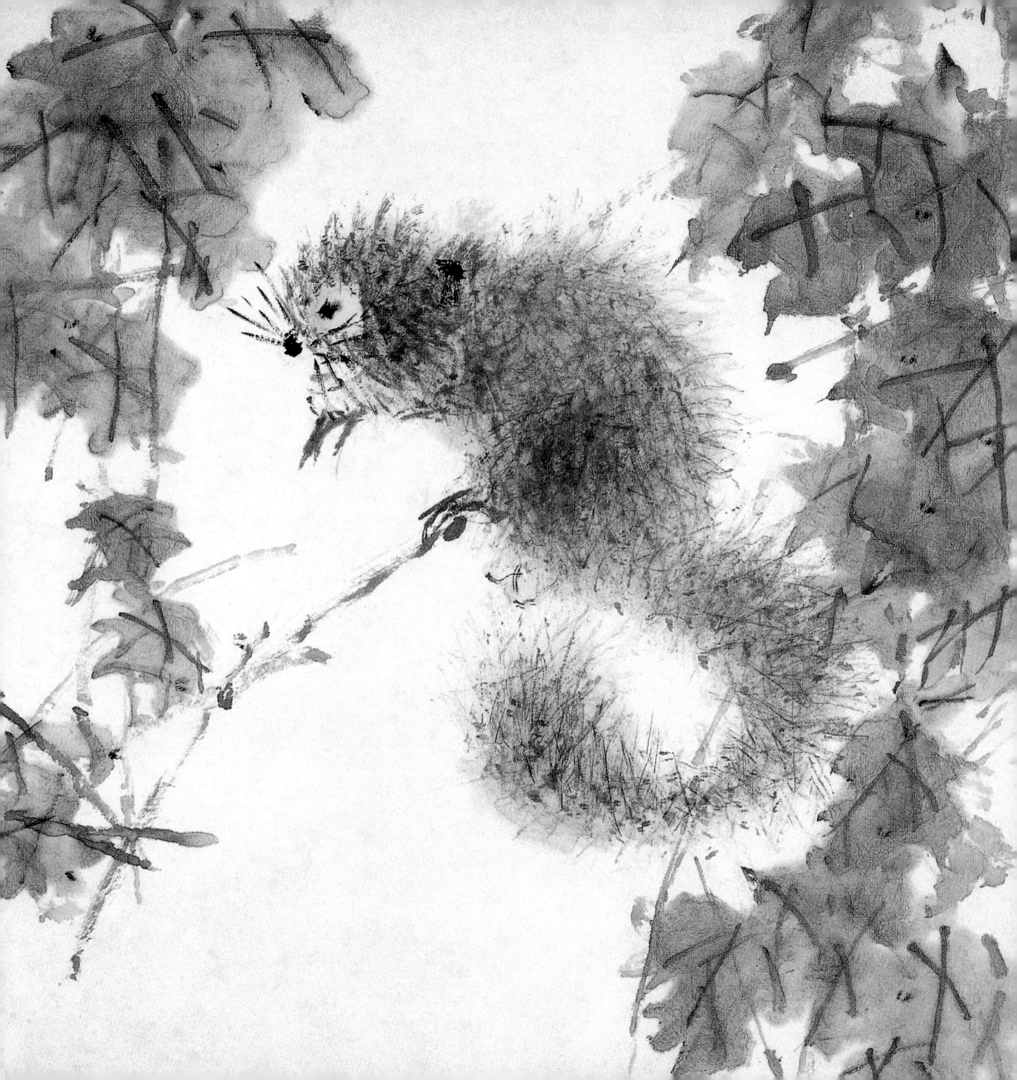

册 页 图 版

高凤翰

　　高凤翰（1683—1748），字西园，号南村，晚号南阜老人。山东胶州人。曾任歙县县丞，又任绩溪知县。任泰州巡盐分司时，被诬入狱，以致右臂永患疾病，从此以左手作画写字，自称"丁巳残人"。

　　他画山水，纵逸不拘成法。擅长花鸟，笔致奔放，用色尤为别致。他的《梅花图》《鸟鸣春树图》及册页可以代表其画风。

翰墨笔阵破纵横

——谈左臂画家高凤翰的生平及其册页作品

刘颖佳

　　高凤翰，又名翰，字西园，号南村，又号南阜老人、云阜，别号因地、因时、因病等。山东胶州人。"扬州八怪"中较为奇特的画家、书法家、诗人、篆刻家。嗜藏砚，并著有《砚史》四卷（原本佚失）。《四库存目提要》给予评语："凤翰工于诗画，笔墨洒脱，不主故常。风痹后，右臂已废，乃以左臂挥洒，益疏野有天趣。间作诗歌，不甚研练，往往颓唐自放，亦不甚局于绳尺。然天分绝高，兴之所至，亦时有清词丽句。"其跌宕起伏的人生经历、诗书画印兼通的艺术修养及后期虽病困而愈奋进的精神，使其绘画熨帖着人性中不屈不挠的坚韧，在同时代的画家中独树一帜。

　　高凤翰的父亲高曰恭是清康熙年间举人，做过诸城和淄川县的教官，是当时有名的学者和书画家。叔父高曰聪、堂兄高凤举等都是能诗或善书画、篆刻的高手。高凤翰从小耳濡目染，接受着艺术的熏陶，才气逸发的同时也养成了良好的品行。他少年时就颇有文名，与蒲松龄为忘年交，是王士禛的关门弟子。他文思敏捷，一次在两江总督尹继善举行的酒宴上，以雁命题，高凤翰提笔立就，其中不乏佳句，深得尹继善赏识，令友人交口称赞。《胶州志·人物》评曰"工诗赋词翰，涉笔辄有天机"。他的诗、书、画、印被人称为"四绝"，并著有《南阜山人诗集》流传于世。值得一提的是考古工作者在20世纪60年代以高凤翰在黑陶罐上的诗刻和画有三足陶器的《博古图》轴为线索，考察高氏故里而发现三里河遗址，解决了学术界多年来关于大汶口文化和龙山文化先后关系的争议。

　　高凤翰一生历经康熙、雍正、乾隆三代。他四赴乡试不中，到四十六岁时经地方官推荐特试人选，才求得功名。但刚正不阿的高凤翰在"众人皆醉而我独醒"的污浊官场中因不愿与别人同流合污而遭排挤，连连受挫。乾隆二年（1738）更因受好友的牵连，被诬入狱。虽然以"抗辩不屈"自救，冤案终得昭雪，但也让他对仕途失去了兴趣。期间烦乱的诉讼生涯，苦难的监狱环境，使高凤翰的风痹病加速恶化，致使右手臂残，对于一个书画家来说，无疑是莫大的打击！但是，高凤翰以惊人的毅力，用左手代替右手进行艺术创作。此后，他自号"老痹""伏枕左书空""西园左笔"等。元代郑元祐右臂废后用左手作书曾号"尚左生"，高凤翰遂自号"后尚左生"。刻制"丁巳残人"石章一枚，标志在丁巳年病苦废右手。此后他的书画风格为之一变，更富奇趣。高凤翰早年山水未脱传统正宗画格，以工细求真，被誉为"画中十哲""五君子"之一。晚年改左手作书画后，渐染徐渭、朱耷、原济画风，多作写意，阔略纵逸，创造性地使用逆笔、剔笔等技巧，郑板桥曾赞叹他"病废后，用左臂，书画更奇"。

　　他一生所画册页较多，其中不乏精品。绘画题材广泛，山水花鸟俱工，宋人雄浑之神和元人静逸之气在其作品中同时流露，艺术造诣十分精湛。传统绘画中有"愈简愈难，愈小愈难"之说，画小幅必须小中见大，虚中见实，以少胜多，方为上乘。高凤翰的册页大小不一，题材多样，书画交叉。这一时期山水画仿古作品较多，绘画风格随着游历地区的变换也有变化。对比右手画《山水纪游图》册与左手画《山上图》册，后者通过抖动的曲线以及下笔方向的改变，纵横自在，意趣天成，创造出生拙拗涩的笔墨效果，奇特而有强烈的生命力。花鸟画如清乾隆元年右手作的《自题牡丹图》册，所画牡丹结构严谨，干湿互用，杂以丛草，花朵疏落有致，隽永雅致；左手所作《杂画图》册，花朵笔墨滋润，色彩浓淡得宜，机趣古拙天然，脱却常套，更富意蕴。郑板桥对高凤翰的书画推崇备至，形容高凤翰的作品"其笔墨之妙，古人或不能到"，"已极神品、逸品之妙"。中国画贵在有格调，格调显示在画面的整体气氛和情趣中，在高凤翰的册页作品中，满是他对大自然的感悟，画格高逸。郑板桥感叹俗人不识凤翰，"但羡其未年老笔，不知规矩准绳，自然秀异绝俗，于少时已压倒一切矣"。"不知规矩准绳，自然秀异绝俗"是高凤翰的诗与画的鲜明特点。

"扬州八怪"中的郑板桥，专画竹、兰、菊、石，汪士慎以画梅著称，李方膺则以风竹、墨梅等取胜，而高凤翰的书画能给人以书画合璧、高度统一的美感。他存世的题画诗数量居"扬州八怪"之首。语言让世界凝固，绘画使情绪具象。从他的书画作品中我们不难看出，书与画皆直抒胸臆。他的水墨画凝重素雅，所配题画诗简净剔透，形成素净雅致的诗貌。高凤翰的题跋不论题字数量的多少，字体大小与所占画面的位置和面积都不相同，却都能达到画面构图平衡稳定的效果。在《山上图》册之二中，单看此画题款墨迹，不禁让人怀疑作品是否放置有误，殊不知这是高凤翰从画纸背面书写题款，由此可见他的一种怪趣。他把印、款、跋结合得很巧妙，成为一种不可分割的综合艺术。如他左手所作的《拳石图》册，苦心经营构图，硕石在画面中呈不同形状占据着画面大半位置，而右上角及下部成为空白，似乎沉重的石头在半空中飘浮，即将掉落。他在空白处分别用题诗和署款填补了画面的空白，巧妙地平衡了画面关系，增强了表现力。这一点在《梅花图》册中也展现得十分精彩。梅花枯笔攀折，强硬有力，生拗苍劲，提顿到位，枝干非常粗壮，曲折向上，表现出饱经风霜的形象。细枝也是曲折向上盘旋，尽显"苍辣"风格。尺幅虽小，但画梅的气格，犹如历经沧桑的智者静立在山巅回望生命的历程，找寻生命的力量。他仿佛透过梅花完成其人生之苦涩感的准确表达。在耳濡目染了世事的颠倒与黑暗后，高凤翰将愤世嫉俗表现于笔底，册页虽小，却蕴含了极高的艺术品质，功力一览无余。"梅花之妙最在萧散。铁杆卧蚓，新枝抽玉，正如林下美人、山中高士，疏疏落落处，愈见丰致耳。世人画梅，作女字屈，何人作俑，创此恶诀。遂令俗下画工，尽老死于虎丘盆景中而不悟，可叹也。"他说得很简单，没有高深的理论，充满热情地把写梅的意境和具象的画面结合在一起，生发出带有个人色彩的体悟。

去官后，高凤翰有很长一段时间客居扬州，寄宿佛门僧舍，以卖画为生，与金农、郑燮、高翔等"八怪"人物有着密切的艺术交谊，共同在文学艺术领域里开辟了一片崭新的天地。他与"扬州八怪"中的其他人物一样，都企图在大一统的文化专制的腐朽板块中寻找一道裂缝，建立起自己的精神家园。对仕途的追求与客观现实之间的矛盾成就了高凤翰"救世"与"自救"的双重人格。他的绘画一方面美化生活，体现欣赏性与社会功能性；另一方面，又追求高度的精神自由，凭借自己的直觉和顿悟，作画纵逸，不拘成法。高凤翰的人格和艺术创作都反映出时代和个人的困惑与迷茫以及无法摆脱的人生痛苦。在艺术理论上，他表示"每关世人含腐毫，死兔灵中乞生活"，"墨奇落想想亦奇，神工鬼斧天为师"，"千秋道气关生意，都在青黄紫绿间"。这与石涛主张"功于化"，"搜尽奇峰打草稿"是一脉相承的。由高凤翰的题画诗可以看到一个带有温情的儒家色彩又较为复杂的文人形象。"摒当河干日几回，千帆坐看压云来。筹边大计真难缓，任命穷黎剧可哀。冷案无从恣饱蠹，小臣亦许佐调梅。书生老矣头全白，怕见如山烂雪堆"，是对泰州附近百姓的悲惨生活的担忧。他带着经世济民的英雄情结、积极进取的精神以及顽强的个性，带着面对不可捉摸的命运的悲观，兀自前行。智者孤独，凡人寂寞，徘徊其间的人犹如穿梭在尘世和仙境。高凤翰用艺术支撑着他的精神世界，画笔则成为释放满溢情感的自由象征，在画纸上坚定地行走出一段美丽人生。

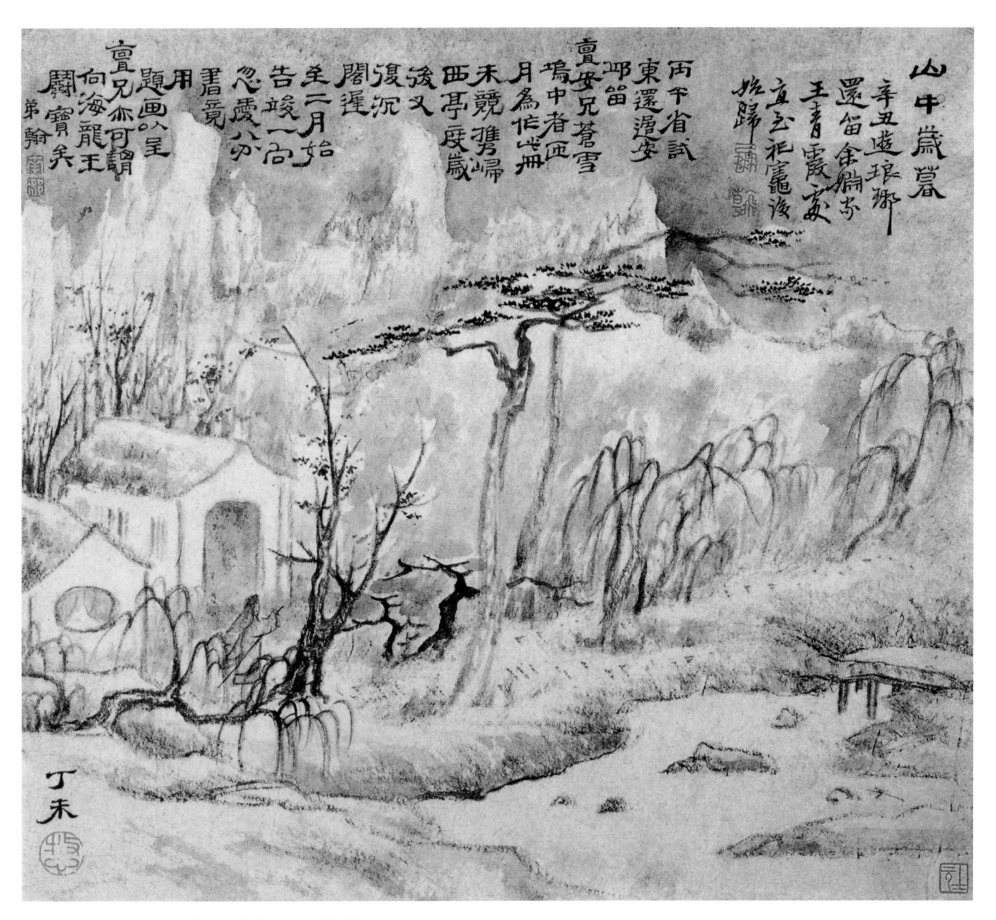

山中岁暮
辛丑遊琅琊
還留金剛东
王青霞安
直玉祀竈後
始歸蘭窟

丙午省試
東還過安
邱留蒼雪
寮中者匝
月為作此冊
未竟攜歸
西尋度歲
後又

復沉
閣遷
至二月始
告竣一府
忽愛八分
書竟呈
題画八呈
宣兄亦可謂
向海龍王
鬥寶矣
弟翰南潔

丁禾

山水纪游图册之一　纸本设色　25.3cm×28.5cm　故宫博物院藏

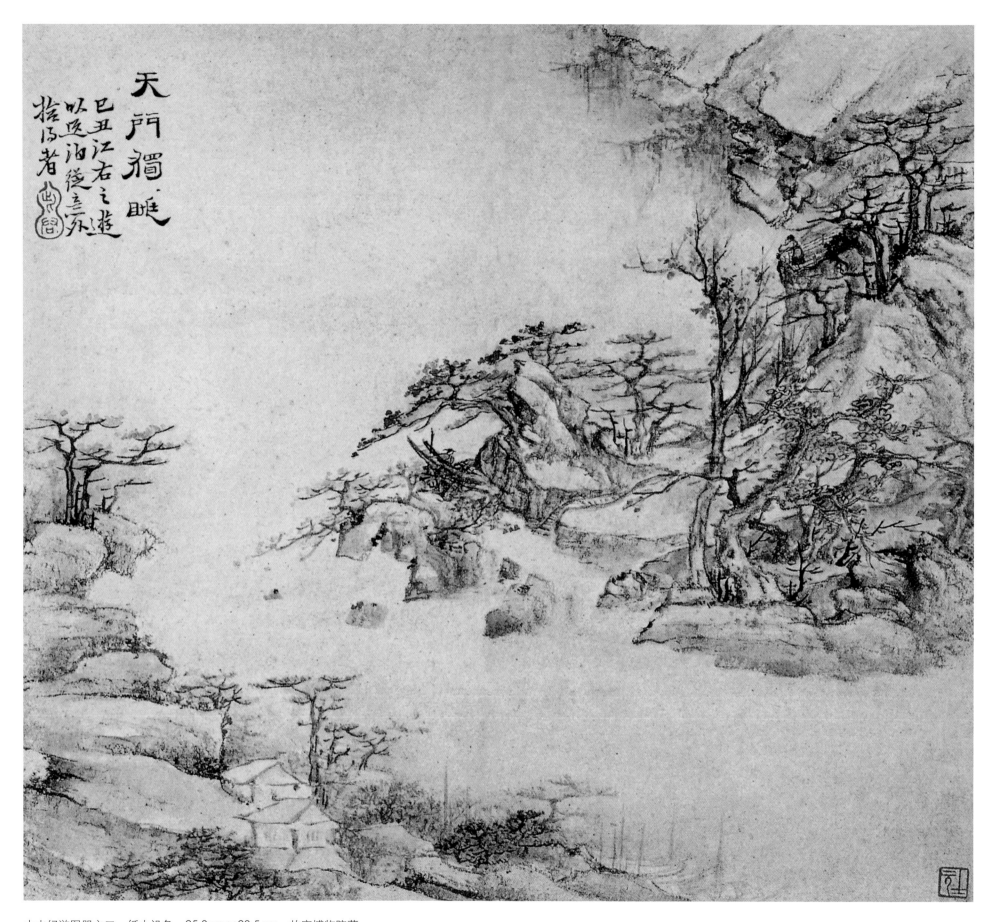

山水纪游图册之二　纸本设色　25.3cm×28.5cm　故宫博物院藏

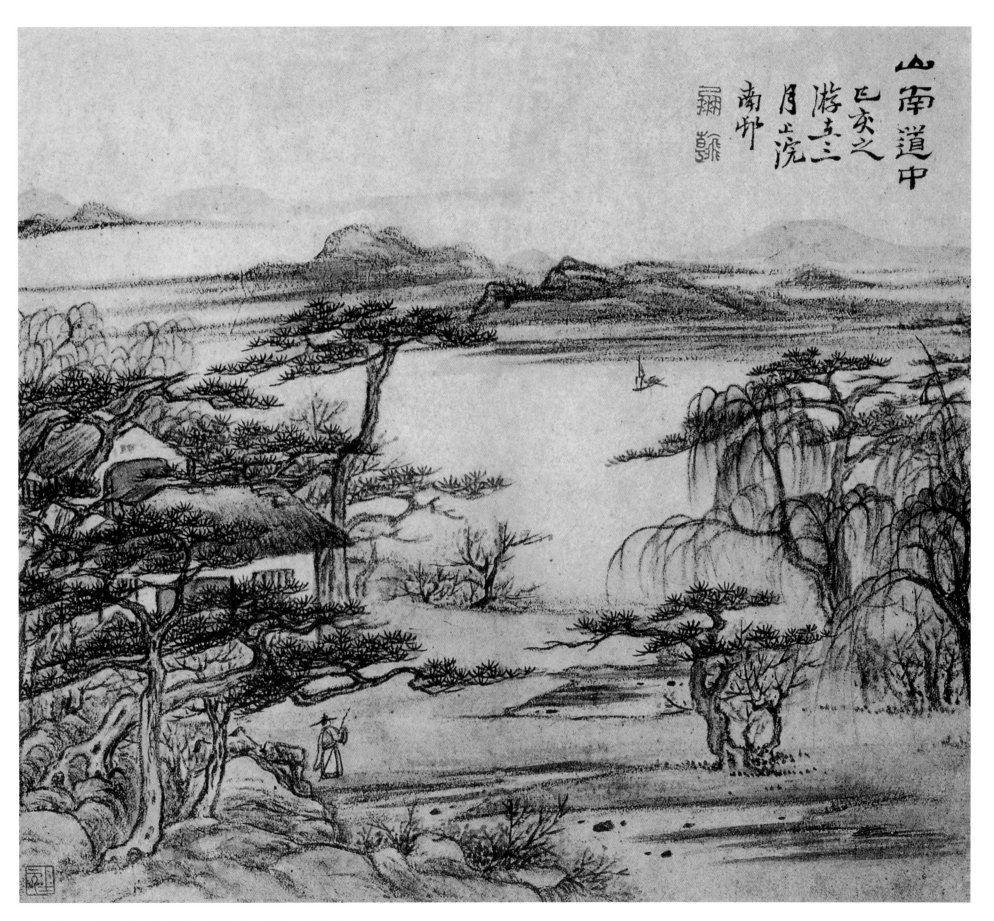

山水纪游图册之三　纸本设色　25.3cm×28.5cm　故宫博物院藏

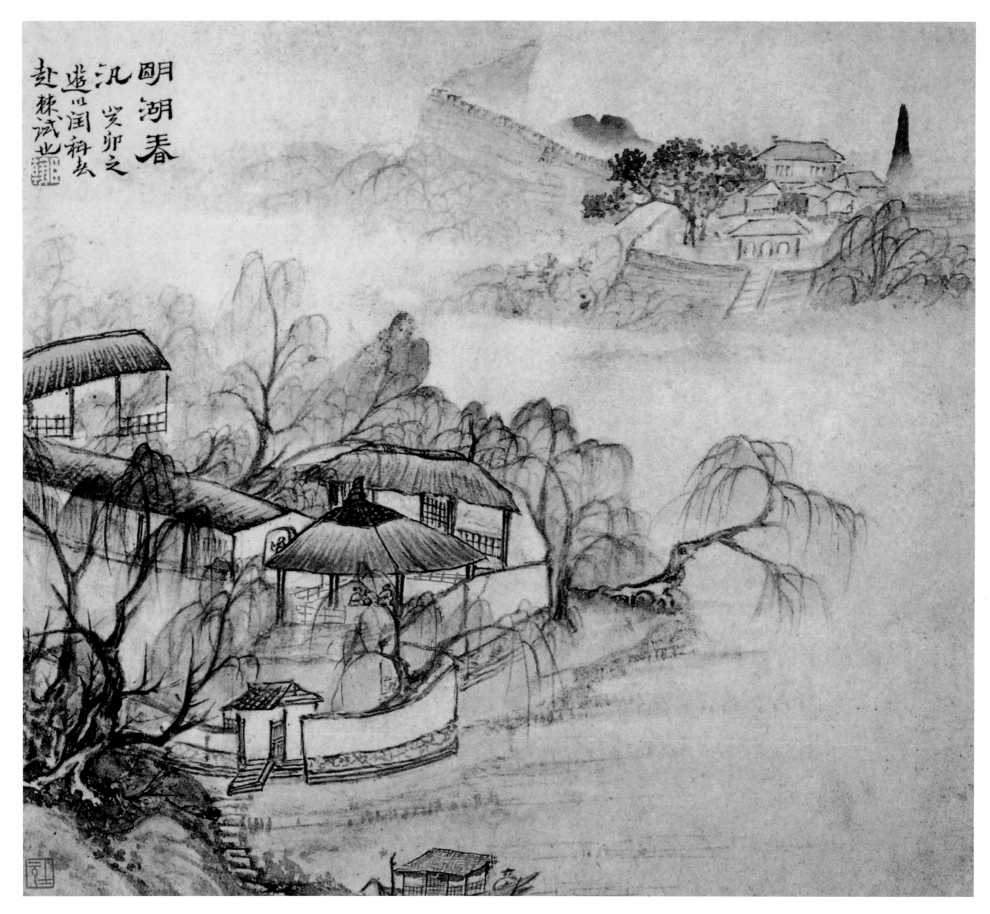

山水纪游图册之四　纸本设色　25.3cm×28.5cm　故宫博物院藏

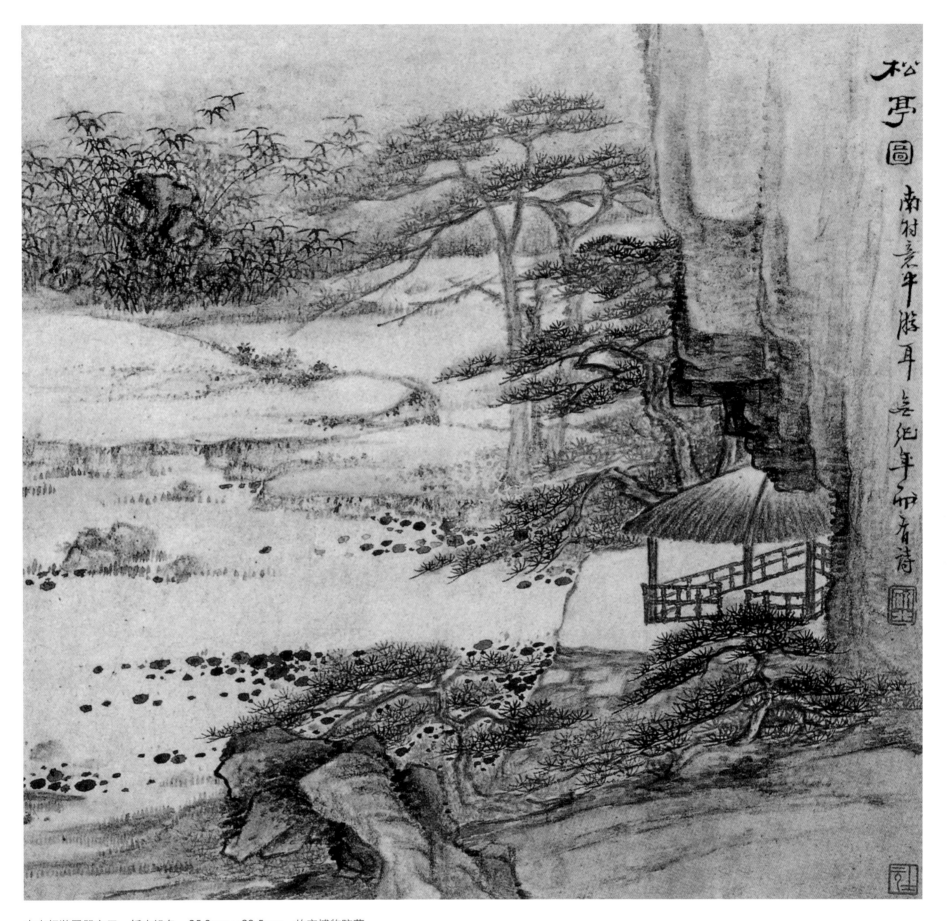

松亭图 南村壬午游耳喜纪年卯有诗

山水纪游图册之五　纸本设色　25.3cm×28.5cm　故宫博物院藏

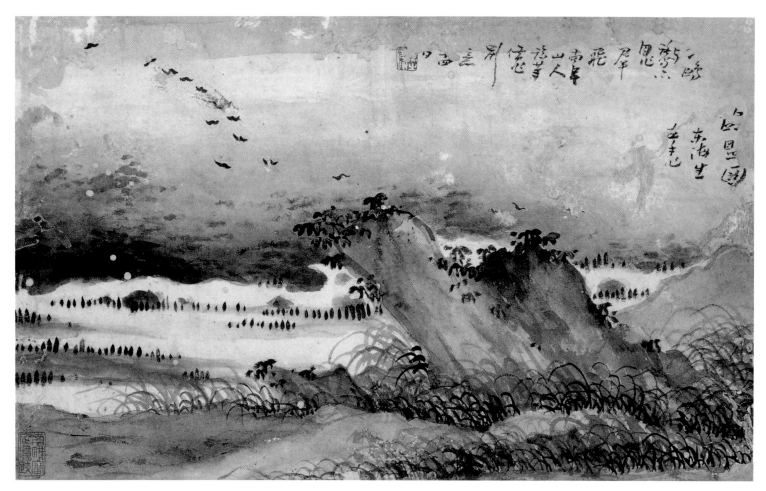

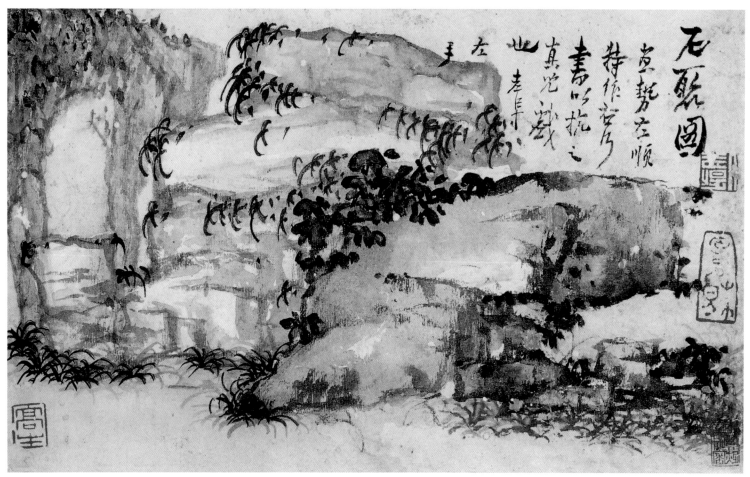

山上图册之一、之二　纸本设色　22.5cm×37.9cm×2　上海博物馆藏

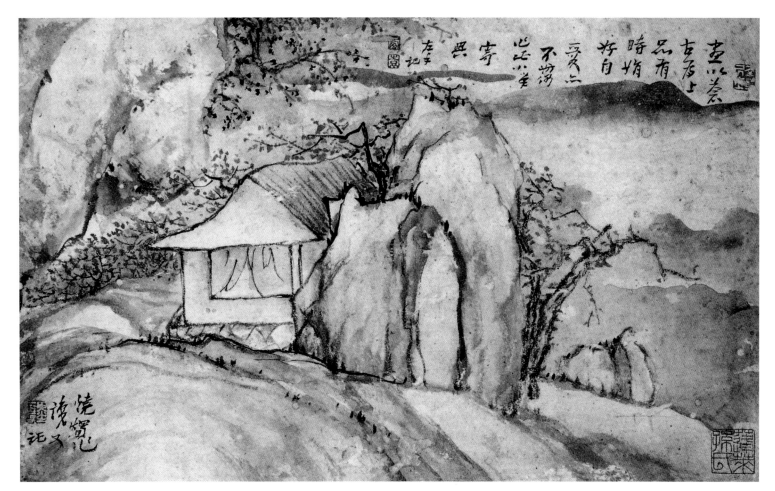

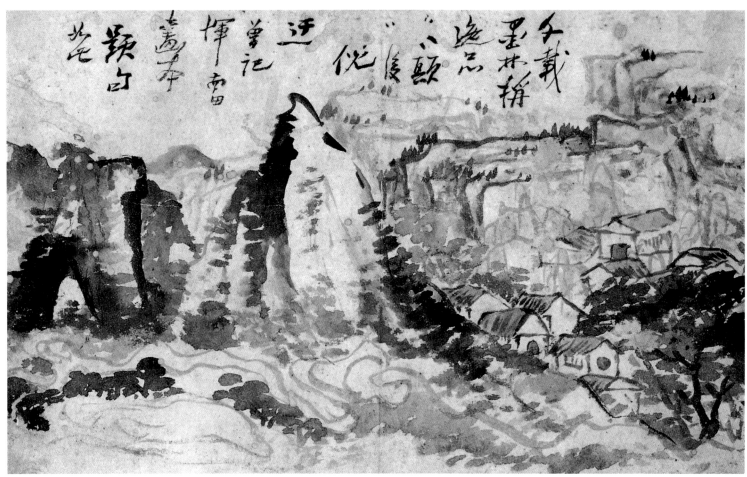

山上图册之三、之四　纸本设色　22.5cm×37.9cm×2　上海博物馆藏

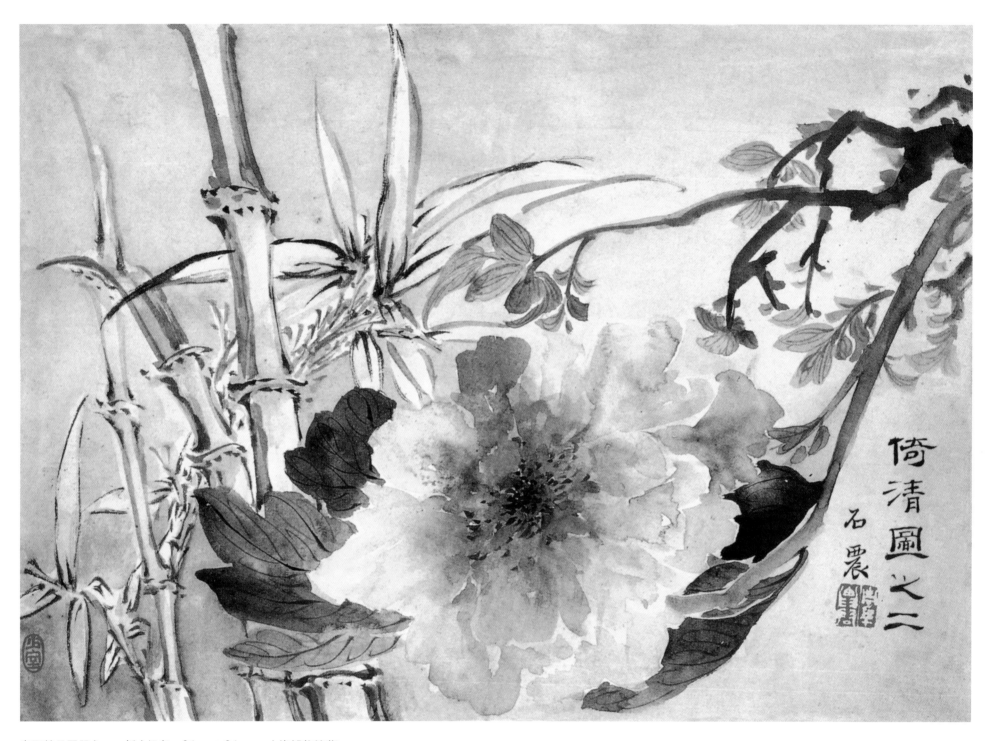

倚清圖之二

石畏

自题牡丹图册之一　纸本设色　24cm×34cm　上海博物馆藏

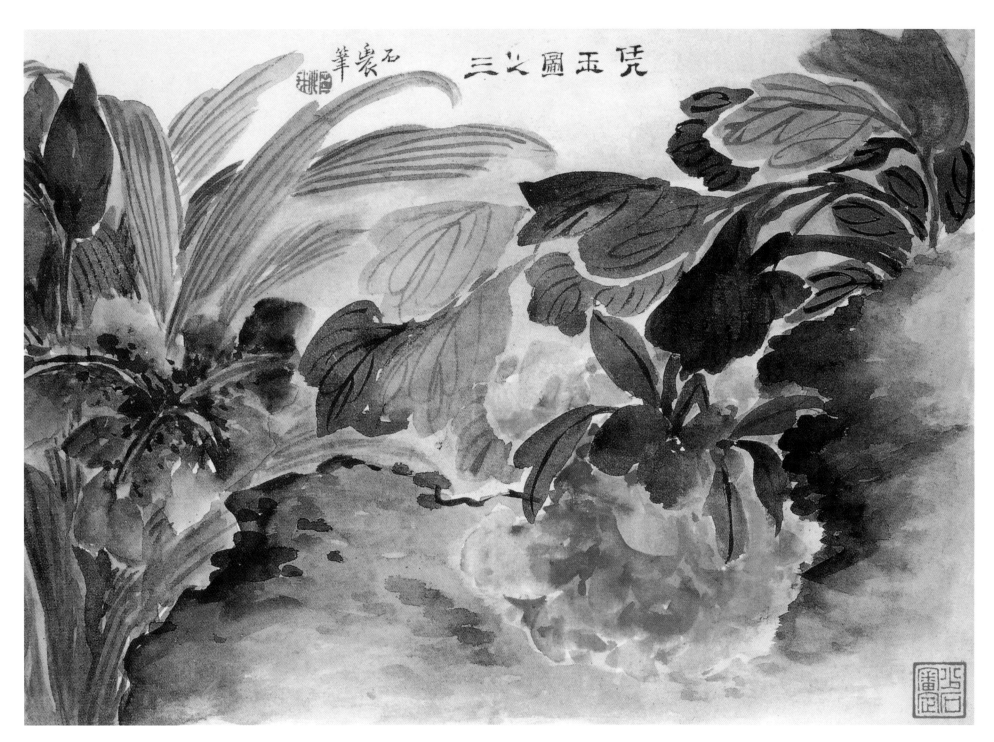

自题牡丹图册之二　纸本设色　24cm×34cm　上海博物馆藏

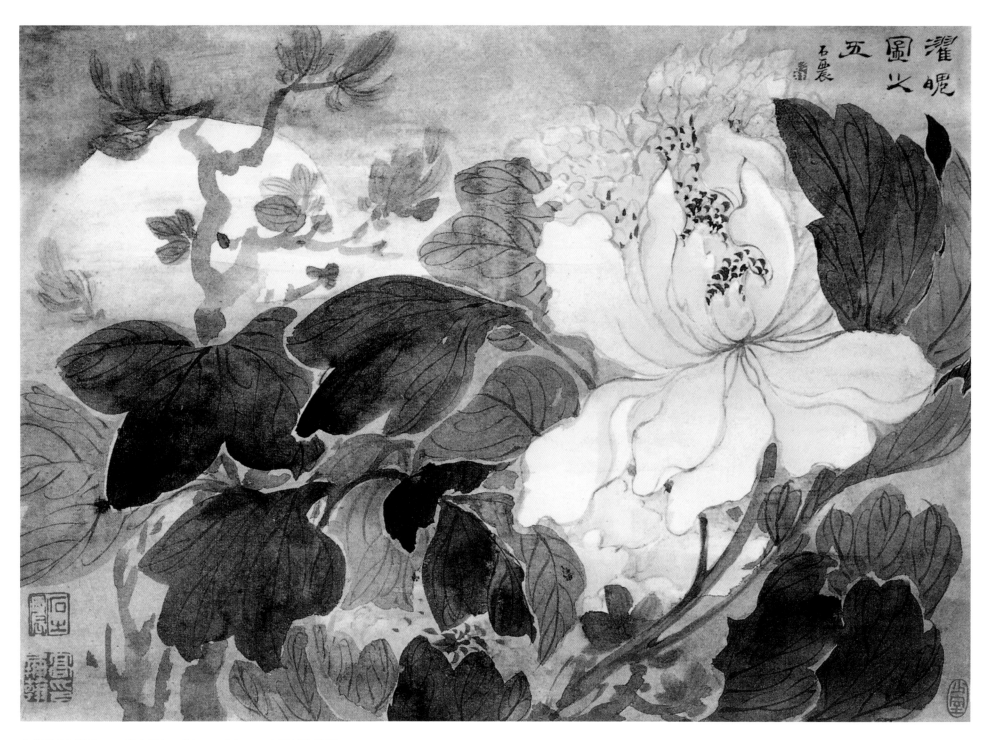

自题牡丹图册之三　纸本设色　24cm×34cm　上海博物馆藏

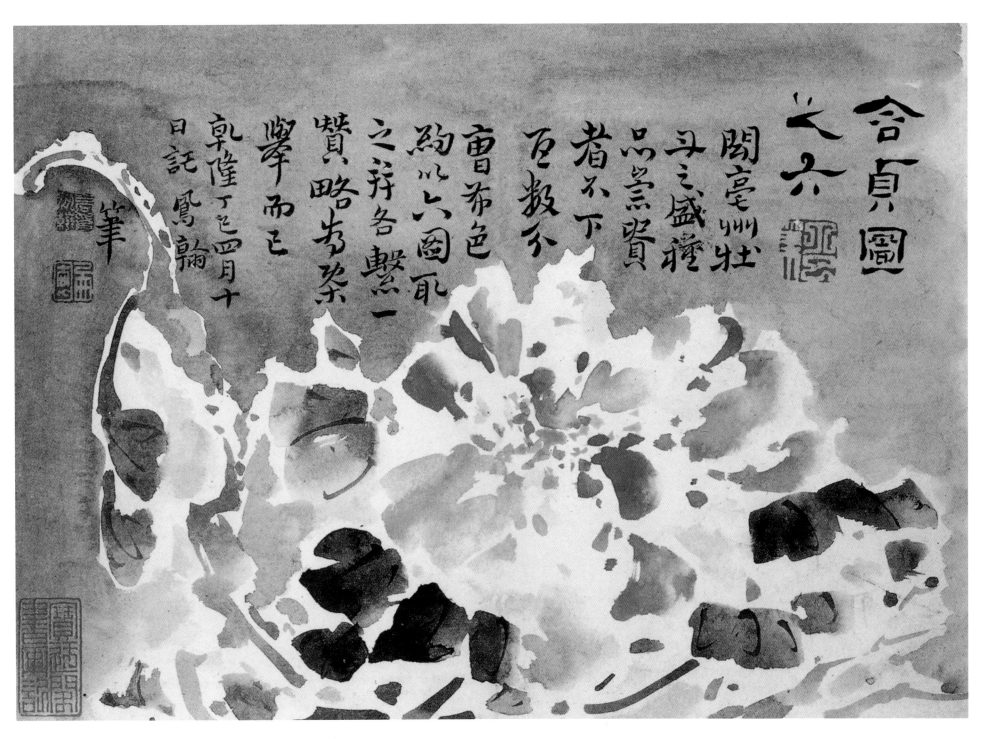

合貞圖

花六

閱亳州牡
丹之盛種
品紛無賢
者不下
百數分

曾布色
約以六圖耳
之苐各繫一
贊略安粲

舉而已
乾隆丁巳四月十
日記鳳翰

自题牡丹图册之四　纸本设色　24cm×34cm　上海博物馆藏

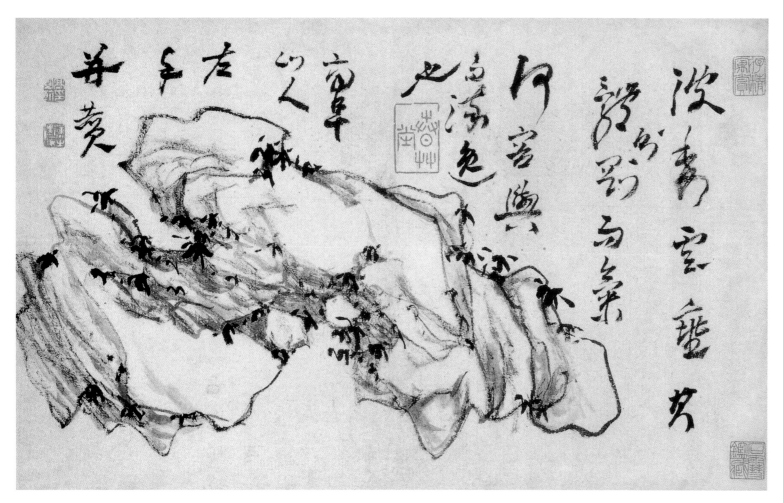

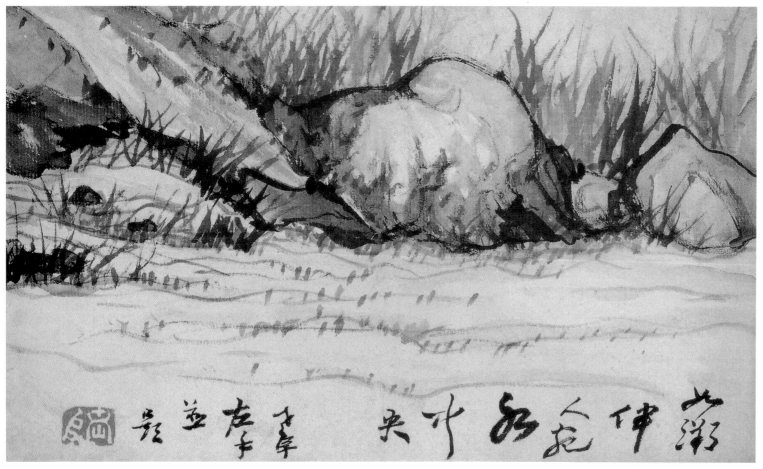

拳石图册之一、之二　纸本设色　22cm×38.9cm×2　故宫博物院藏

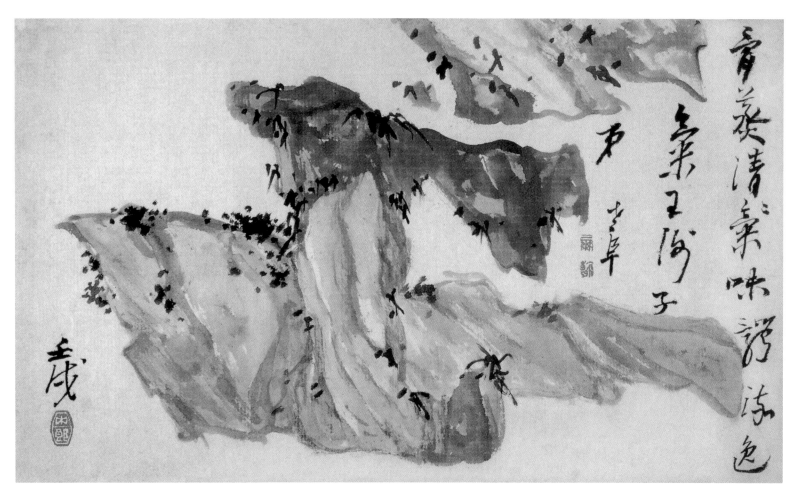

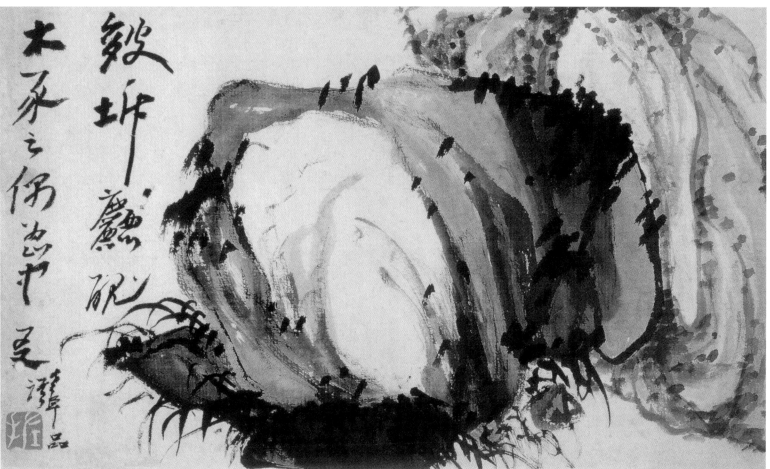

拳石图册之三、之四　纸本设色　22cm×38.9cm×2　故宫博物院藏

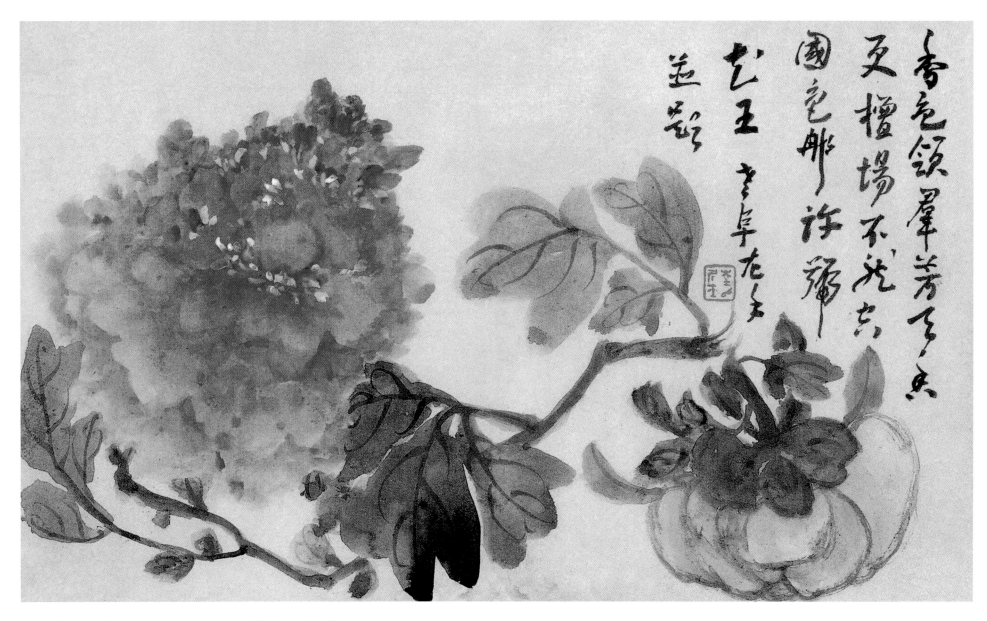

杂画图册之一　纸本设色　21cm×34cm　济南市文物商店藏

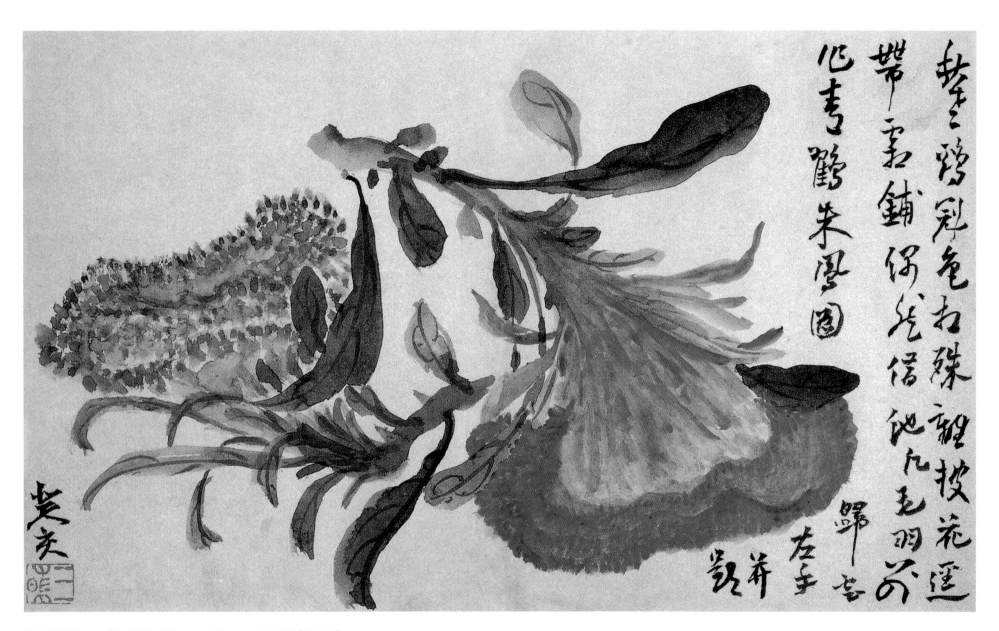

杂画图册之二　纸本设色　21cm×34cm　济南市文物商店藏

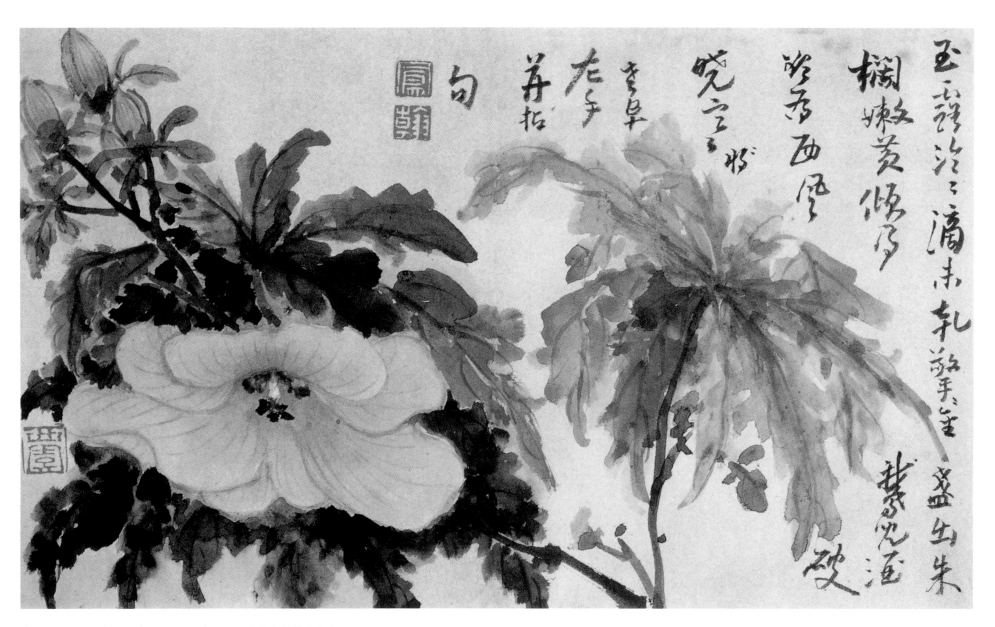

杂画图册之三　纸本设色　21cm×34cm　济南市文物商店藏

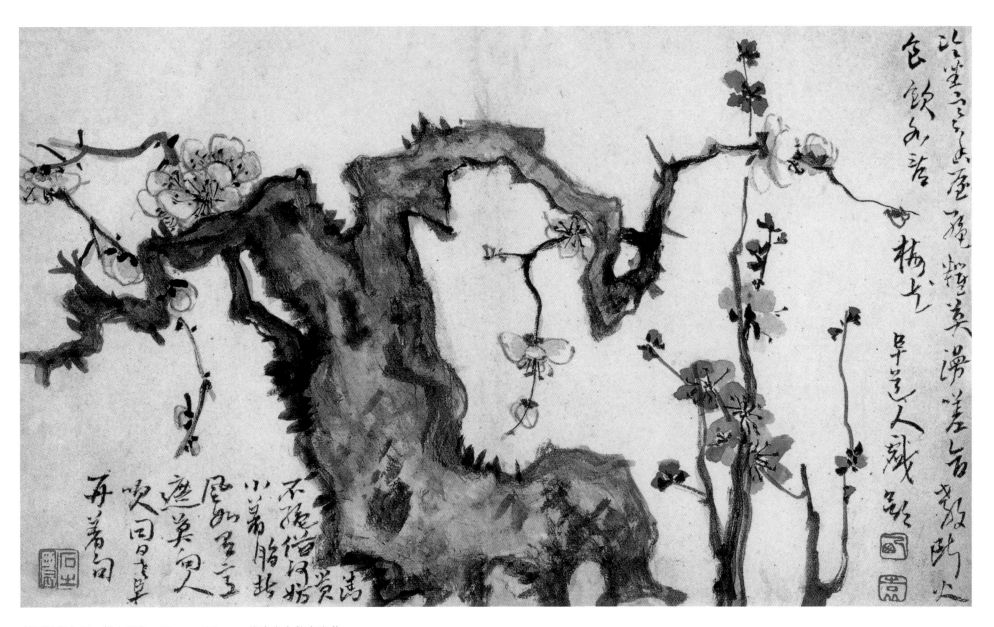

杂画图册之四　纸本设色　21cm×34cm　济南市文物商店藏

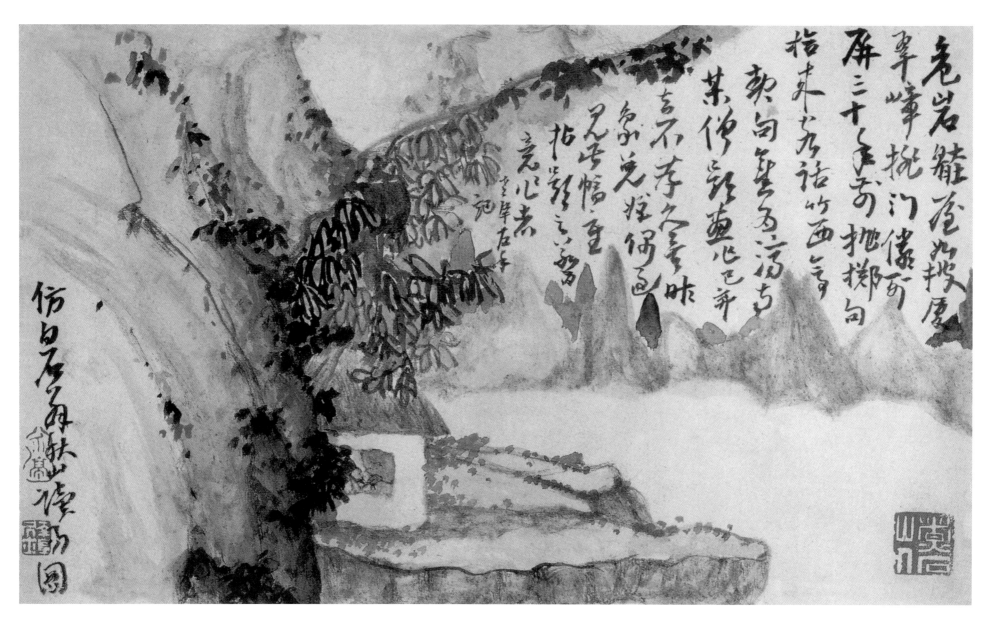

杂画图册之五　纸本设色　21cm×34cm　济南市文物商店藏

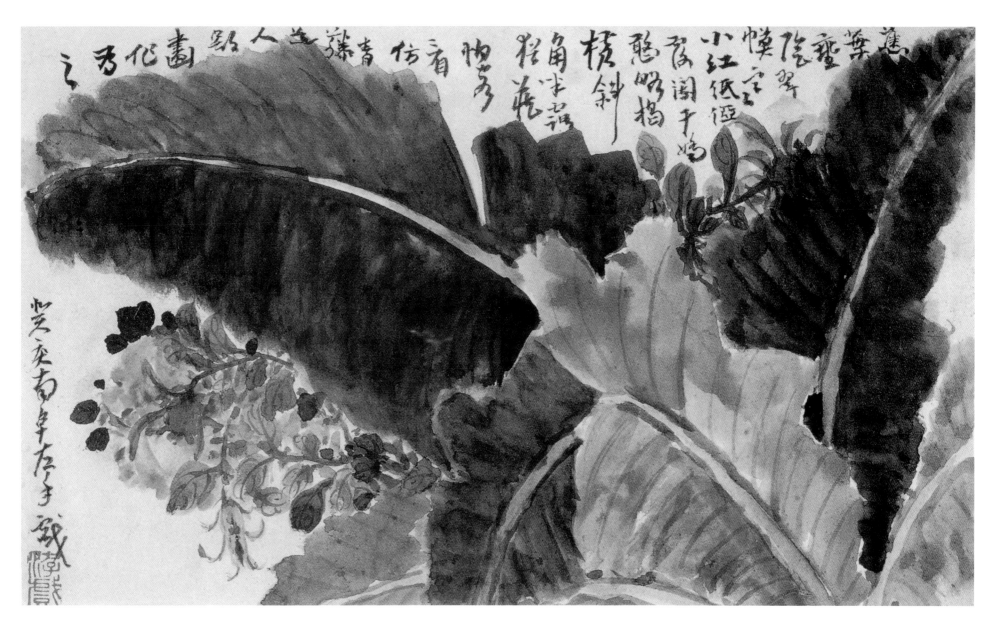

杂画图册之六　纸本设色　21cm×34cm　济南市文物商店藏

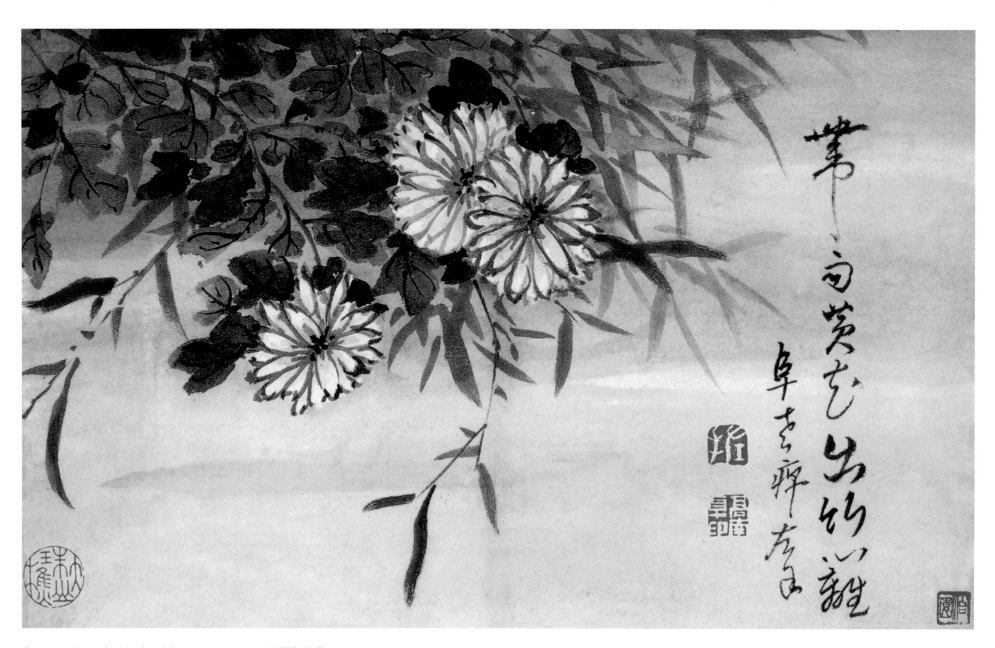

杂画图册之一　纸本设色　28cm×44.4cm　重庆博物馆藏

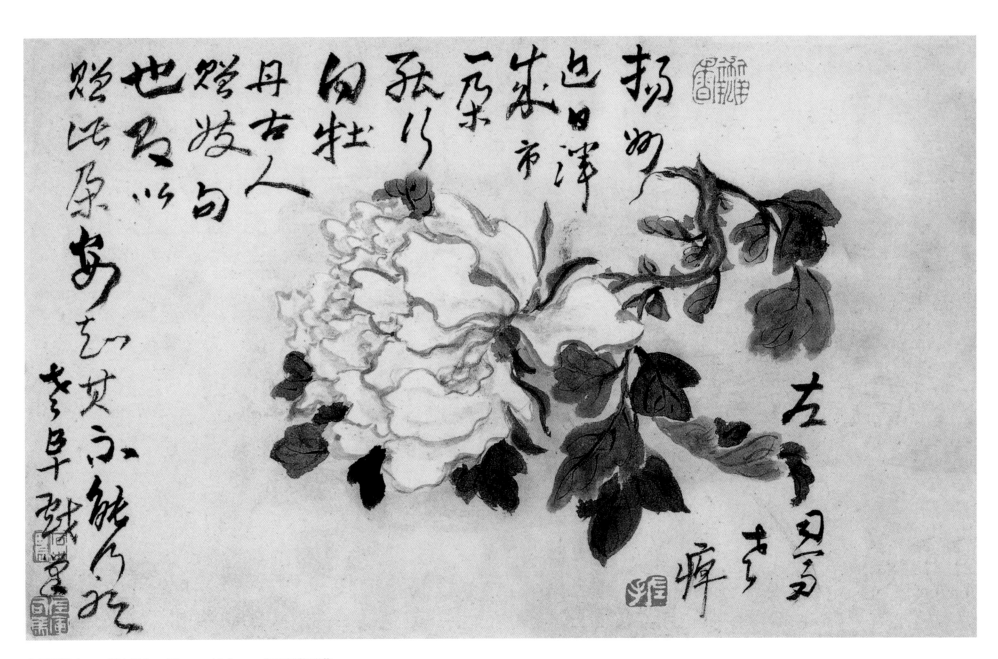

扬州邑日津市一朵朱红张竹白牡丹古人贈玫瑰句也予以贈比原安玄芝□翁丞卓戟星□

左见高春痹

杂画图册之二　纸本设色　28cm×44.4cm　重庆博物馆藏

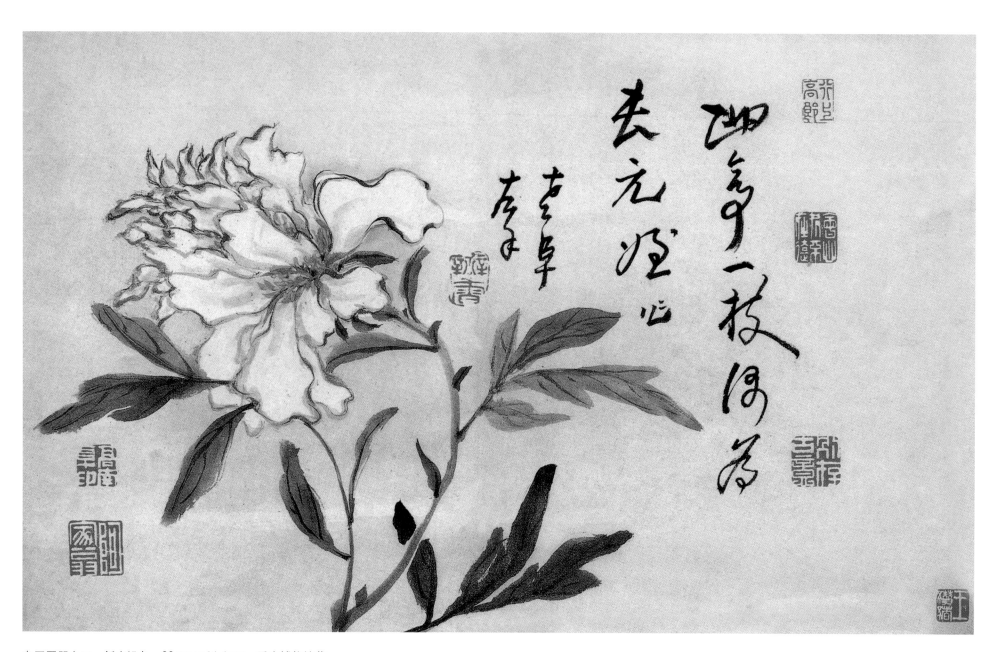

杂画图册之三　纸本设色　28cm×44.4cm　重庆博物馆藏

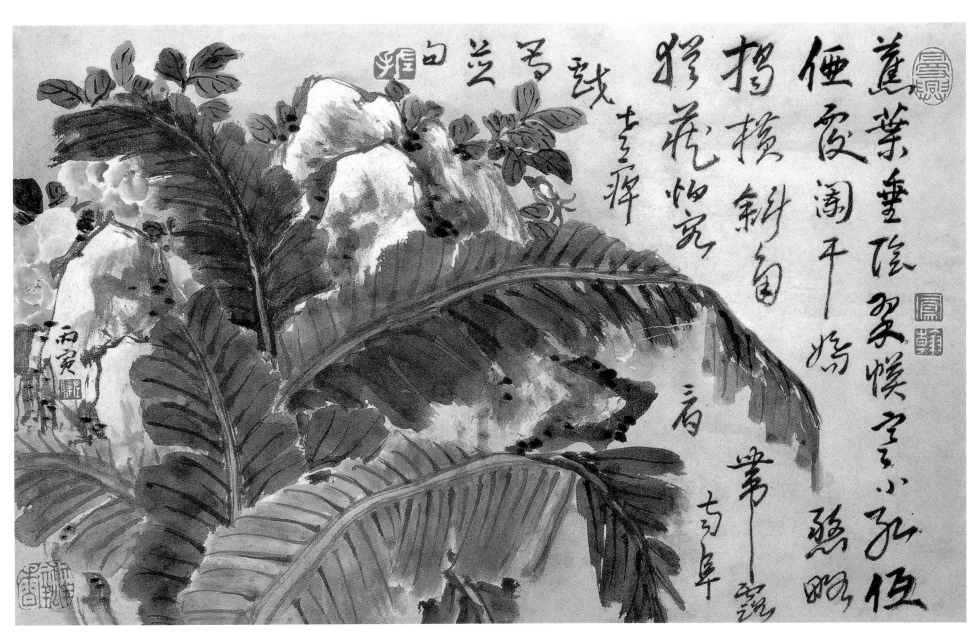

蕉叶垂阴翠幄空小雨伍
浥霞阔干将
拒摈斜自当露
猩花恍窕
戏西亭
白芷君
西亭
高凤翰

杂画图册之四　纸本设色　28cm×44.4cm　重庆博物馆藏

李　鱓

李鱓（1686—1762），字宗扬，号复堂，又号懊道人。江苏兴化人。清康熙五十年举人。曾供奉内廷，后任山东滕县知县，因负才使气，触犯权贵，弃官为民，后在扬州卖画自给。

他学画于蒋廷锡，又是高其佩的弟子。从其传统渊源来说，出自林良、陈淳、徐渭诸家。他能自放胸臆，由工笔转为粗笔。设色较为清雅，有"水墨融成奇趣"的特色。他的作品《土墙蝶花图》《风雨芭蕉图》《芍药图》《玉兰图》等，有纵横驰骋、不拘绳墨的长处，这些作品，可以代表他的画风，他早年学习工笔的功力，也于此得以体现。

纵横驰骋，不拘绳墨

——李鱓及其绘画艺术浅析

张　群

　　李鱓，字宗扬，号复堂、懊道人。江苏兴化人。李鱓出身江南名门望族，少年得志，诗超逸，善书法，精绘画。清康熙五十年中举，以绘画召为内廷供奉，随宫廷画家蒋廷锡学花卉，然其不肯恪守正宗古法，后终因其狂放画风不为画院所容，离京南还。雍正年间，重返北京，师从指画大师高其佩，效法石涛、八大，画艺大为长进。乾隆三年，李鱓受荐出任山东滕县知县，他为政清简，颇得民心。但又因其性格傲岸、不善逢迎，以忤大吏而罢归。之后又过回途穷卖画、四处飘游的清贫生活。晚年，他定居扬州，筑"浮沤馆"于城南，直至病卒。

　　李鱓的绘画成就主要体现于其花鸟画上。他早年进宫学习工笔着色花卉，后揣摩各家，在笔墨、色彩上形成自己的风格，逐渐走向成熟。他强调个性抒发，注重笔墨变化，多用设色与水墨相结合的表现手法，在用笔上擅长阔笔放纵的大写意，又间以轻快的细笔勾勒，画面奔放酣畅。他认真研习吕纪、林良、沈周、徐渭、陈淳的水墨花鸟技法，探寻其中的奥妙。他继承了明代孙隆和清初恽寿平以彩作画的传统，发挥了徐渭、朱耷放纵驰骋的笔墨写意特色，又从石涛泼墨破笔的写意花鸟中得到启示，继而用破笔泼墨作画，风格为之一新，笔致简练自如，用墨酣畅淋漓。所作花卉，放笔写意，苍劲中求柔美，纵逸中见法度，挥洒不羁又似有规矩，不拘绳墨而多得天趣。李鱓的作品既不追随古人，也不追逐时俗，可谓在诸家基础上进一步开辟了文人画的广阔天地。

　　李鱓绘画的题材十分广泛，除常见的"四君子""三友"外，还画一些不知名的野花、杂草，在册页中所绘的对象更为多样，有日常餐食中的葱、姜、椒、蒜，田间地头的麦子、蚕花、樱桃，江河湖泊里的莲藕、菱角等，甚至还有那些为人贱笑的"土墙蝶花"，凡是状物写生，皆能淋漓酣畅地表现出内心情感的个性升华。这不仅拓展了花鸟画的题材内容，也扩大了花鸟画的审美视野，突出其艺术取材于生活、来源于自然的原则。李鱓还经常采用民间口语撰写题记，词意清新，易解易懂，雅俗共赏，颇受市井平民、乡间百姓所喜爱。

　　李鱓另一风格的花鸟画则是枯松老柏、奇石杂卉之作品。他笔下的松石，应物象形，落笔劲健，画古松老柏皆葱郁高峻，枝干扭结穿插，虬曲多姿，具有一种拗怒不平之气，且常常以此自诩。也许是心灵痛苦与愤慨的气郁纠结始终挥之不去，或是胸中充满着磊落的光明不可泯灭，昭示寂寥的天地有大块文章，欲让观者追寻其生命的丽影——"疾风猛雨自相侵，写此虬枝感独深。莫讶无声作涛响，老夫独树本无林"。自我剖白意识伸展开阔，心态抑郁，意象冷落，超越性的情感体验使其主体灵魂在笔墨中得到了安顿。

　　李鱓曾经两度为官、两番沦为庶民，一生坎坷，思想错综复杂。他将内心深处的荣辱与懊恼，寄托于"蕉石萱花""冷艳幽香""紫藤黄鹂"等大千世界不甚起眼的自然物象中，继而又钟情于"松风水月""堂茂双龄""拳石双柏"诸类物候，互不雷同，各出一奇。

　　李鱓的绘画除在内容和表现上的突破外，对画面处理、墨色变化等方面也作了很大的创新。

　　李鱓不追随"正宗"的用笔纤秀婉转，设色典雅精妍，而是追求用笔豪爽泼辣，笔墨简练，不敷色或少敷色，充分利用水墨在纸上产生的变化。李鱓认为："颜色费事，墨笔劳神，颜色皮毛，墨笔筋骨，颜色有不到处可以添补遮羞，墨笔则不假妆饰，譬之美人，粗服乱头皆好。"

　　李鱓尤为擅长用水。他在《冷艳幽香图》卷中题道："……高司寇指头生涯，别开生面。八大山人长于笔，清湘大涤子长于墨，至予则长于水。水为笔墨之介绍，用之得法，乃凝于神，甚矣。"他不时地丰赡着笔墨水色，水墨互施，色粉并用，并以书法用笔，形成自己"水墨融成奇趣"的风格。

　　以现藏于南京博物院的《土墙蝶花图》页为例，画中有情，淡中出奇，章法上空灵幽美，溢于画外之花令人看不完、想不尽。行草题跋题于画端，洋洋洒洒，错落有致，使画面庄重、挺拔有力，与画面主体物象遥相呼应，笔墨生机四溢，透出生意盎然之精神，显示出蓬勃向上之朝气。图中泼墨浓水纵横排纂，老笔纷披，笔墨皴擦表现出土墙质地的厚重苍老，生动地衬托出嫩含春泽的紫蝶花的娇艳妩媚。植物阔叶提按逆写，生机郁勃，双钩叶柄，锋颖犀利，如锥画沙。四五花头，一任点就，如秋月之莹；墙头杂卉，逸笔草草，神情朗朗。此图少线段而多渲染，水墨迸发，水气淋漓，空气氤氲流动，光晕熠熠生辉，读来或许觉得满墙雨意尚存，蝶花和土一齐飞，而紫色蝶花楚楚动人，不觉令人心旷神怡。全幅书、画相得益彰，墨彩交融强烈，幻化而不轻浮，顿见凝重老辣之功力。这是耐人寻味的联想，是文人绘画的意象游艺活动。

"扬州八怪"的绘画一般认为是三分画法，七分书法。李鱓擅长行草书，且成功地将其书法功力糅合于画面效果。其书源于欧阳询与柳公权，浸润颜真卿，更多的则是颜的元气浑然，因而书法厚重雅致，用笔峻拔，体态闲雅，意气风发。其曾于《墨竹水仙图》轴上题道："日日临池画水仙，何曾粉黛去争妍。正如写竹皆水法，悬腕中锋篆隶然。"

上海博物馆藏的《荷花图》页是李鱓风格成熟时期的作品，用笔挥洒自如，中锋写出迎风摇曳的荷花与遒劲有力、迎风舞动的苇草，用气势不凡的阔笔扫出荷叶的圆浑体质，硬朗而丰腴的体态，粗中见细，用笔轻重缓急拿捏细腻。画幅上端参差错落的行书，于质朴中见空灵，上题七绝一首："休拟水盖染污泥，墨晕翻飞色尽薰。昨夜黑云拖浦淑，草堂尺素雨风凄。"借以寄寓其生平遭遇和心志。李鱓的绘画充分利用了书法和画法的互通性，他的行草书用笔更为之后的"海上画派"提供了用笔依据。

关于李鱓绘画风格的演变，郑板桥概括地说"复堂之画凡三变"，"初入都一变，再入都一变，变而愈上。概规矩方圆，尺度颜色，浅深离合，丝毫不乱。藏在其中而外之，挥洒脱落皆妙谛也。六十外又一变，则散漫颓唐，无复筋骨，老可悲也"。

薛永年则把李鱓的艺术分为四个时期：

第一个时期在李鱓二十八岁（1714）以前，师从魏凌苍、王媛学画；

第二个时期是李鱓入值宫廷的1714年至1722年，遵从皇帝安排跟从蒋廷锡习"徐熙、黄筌工细一派"。

第三个时期从雍正初年起，至其自山东滕县返回兴化前夕（1743），为探索发展的阶段，画风从小写意逐渐向大写意过渡。

第四个时期从1744年返乡直至去世，即"六十以外又一变也"，已大胆摆脱正统画风牢笼，不再仅仅追求工整精致，而是让感情的个性色彩融于笔端，章法别致，用笔灵动，设色淡雅。有文雅秀逸之气，又兼具潇洒浑脱之趣。而1753年以后，由于年事已高，李鱓过于被技法所束缚，其绘画出现疲软、轻浮之趋势，笔墨过于草率放纵，缺乏变化，时而过于老硬，时而过于颓放，绘画高度基本再无进展。

李鱓用心与天地万物的对话，是主体心意与客体物象交融合一的艺术表象。但他的艺术生涯也有许多遗憾，迫于生计，不得已卖画贴补家用，难免有迎合买家口味、逢谀豪门富贾之意。因而其作品中有不少借笔下花鸟谐音表现"事事如意""一路荣华"等世俗内容，所以不免有许多粗制滥造现象，缺少含蓄、蕴藉之作。郑板桥批评他："途穷卖画画益贱，庸儿贾竖论是非。昨画双松半未成，醉来怒裂澄心纸。"

也正如郑板桥评价李鱓的三变时说："世之爱复堂者，存其少作壮年笔，而焚其衰笔、赝笔，则复堂之真精神、真面目千古常新矣。"

客观地评价李鱓，其注重践履艺术革新之精神，又开拓了诗文书画相结合的文人画天地，不愧为清代画坛开宗立派之先行者。其绘画艺术不仅有着自身的力量与价值，也有着深厚的传统文化精神和文人气节，并最终与其精神情结融为一体，因而复堂之真精神、真面目，定当千古常新。

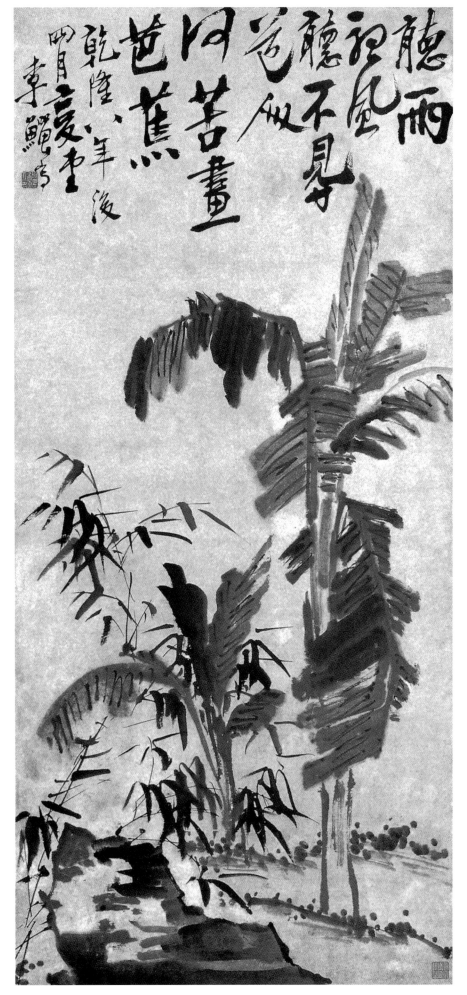

风雨芭蕉图页
纸本墨笔
129.9cm×60.6cm
苏州博物馆藏

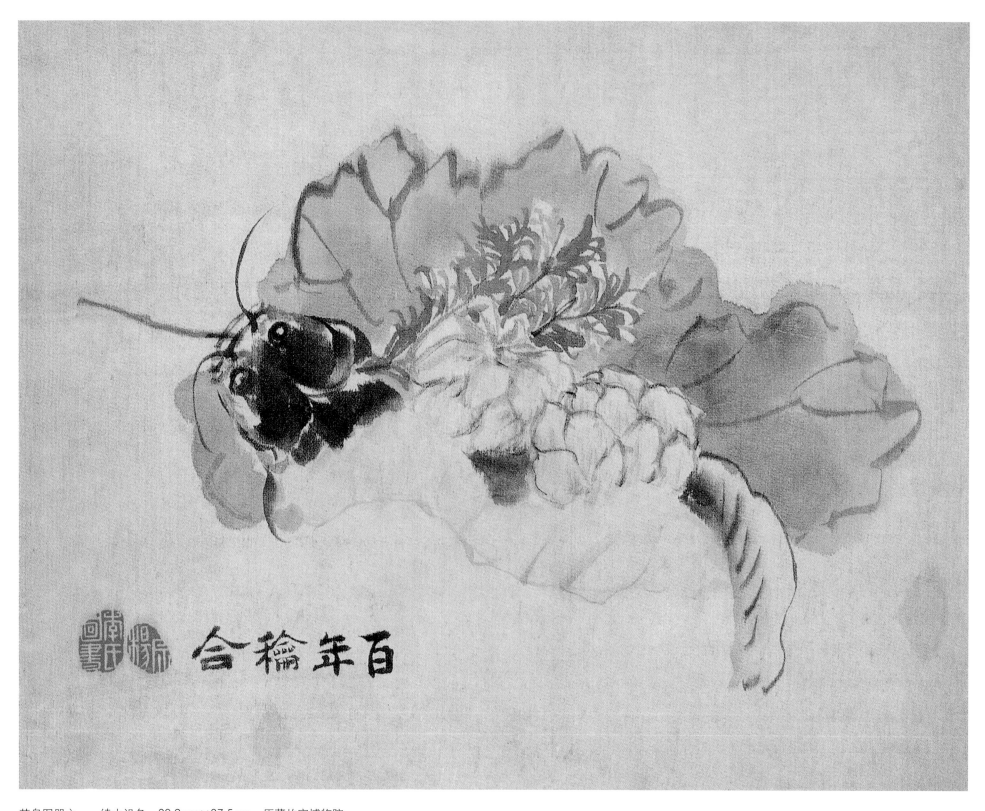

百年稐合

花鸟图册之一　绫本设色　30.2cm×37.5cm　原藏故宫博物院

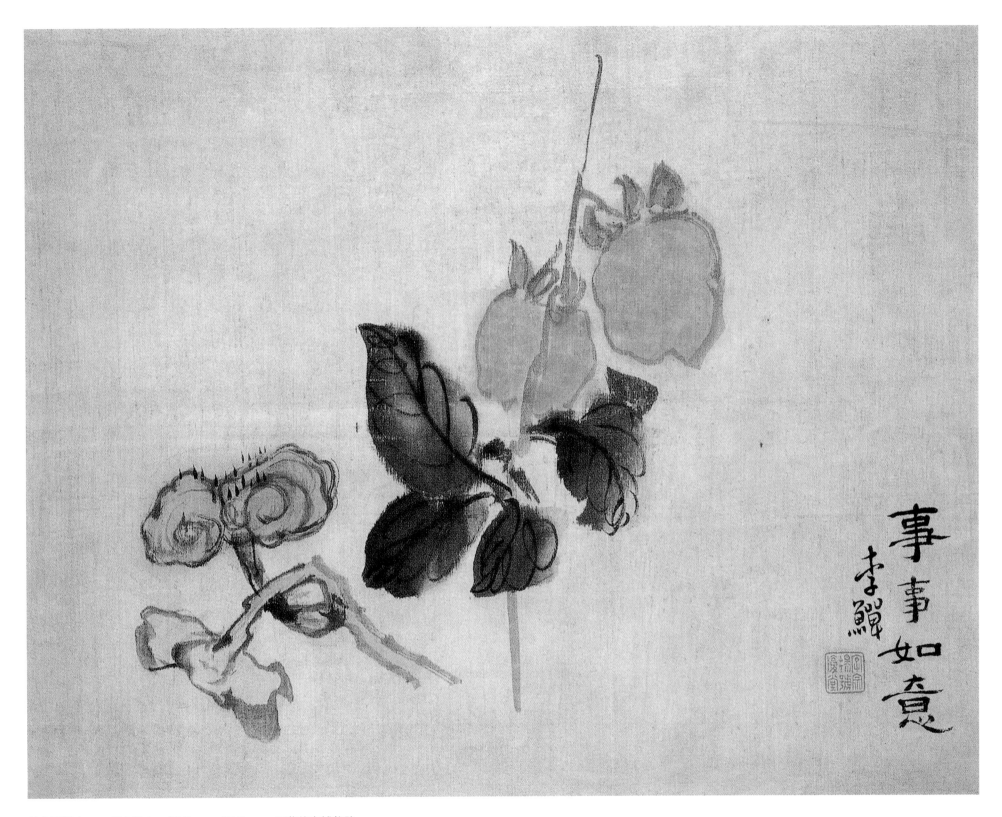

花鸟图册之二　绫本设色　30.2cm×37.5cm　原藏故宫博物院

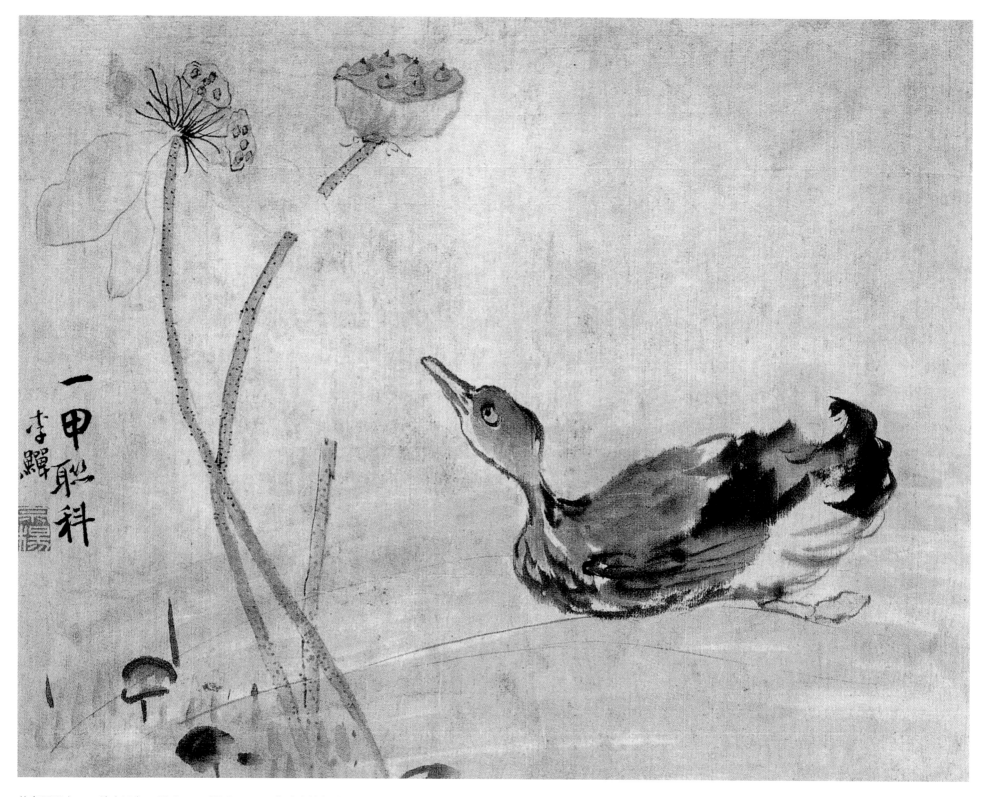

花鸟图册之三　绫本设色　30.2cm×37.5cm　原藏故宫博物院

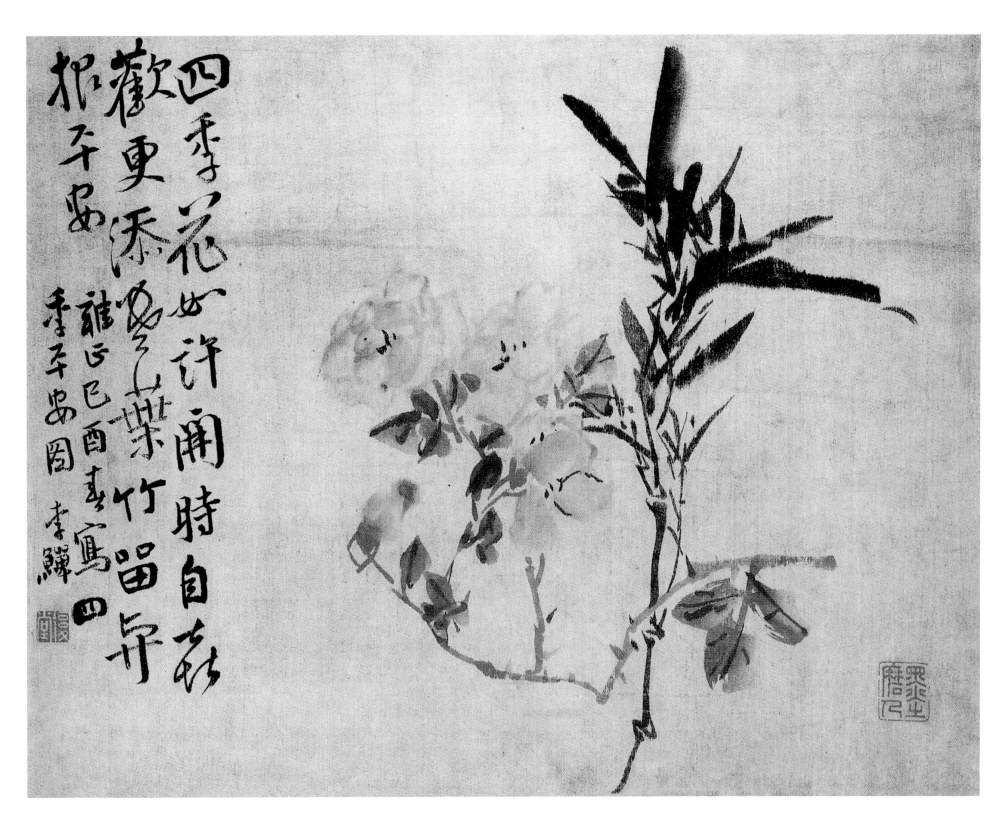

四季花如許　開時自有
歡更添鶯燕葉　竹留異
根不安

四季花如許　開時自有
歡更添鶯燕葉　竹留異
根不安

雍正己酉春　寫四
季不安圖　李鱓

花鸟图册之四　绫本设色　30.2cm×37.5cm　原藏故宫博物院

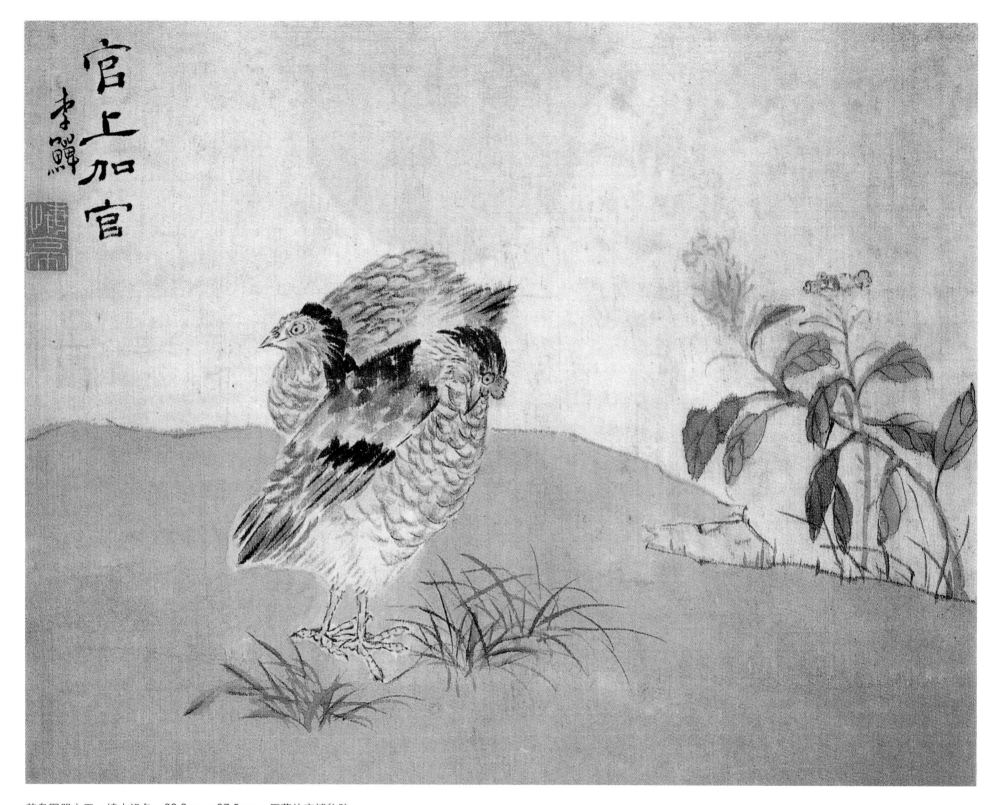

花鸟图册之五　绫本设色　30.2cm×37.5cm　原藏故宫博物院

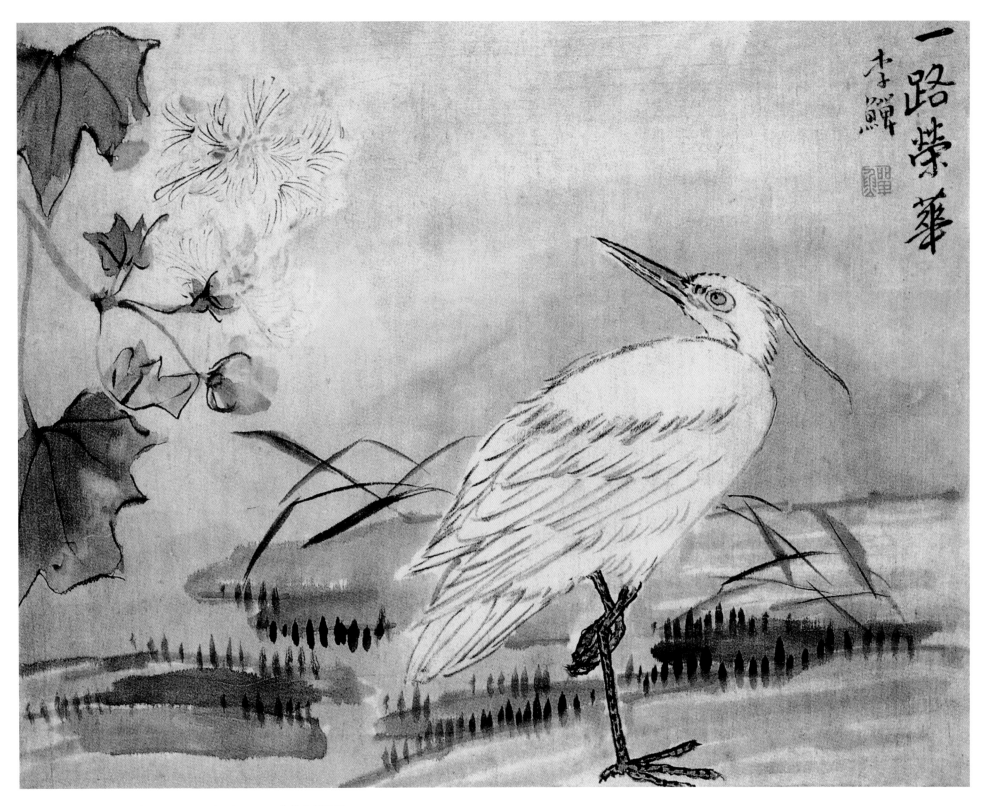

一路榮華
李鱓

花鸟图册之六　绫本设色　30.2cm×37.5cm　原藏故宫博物院

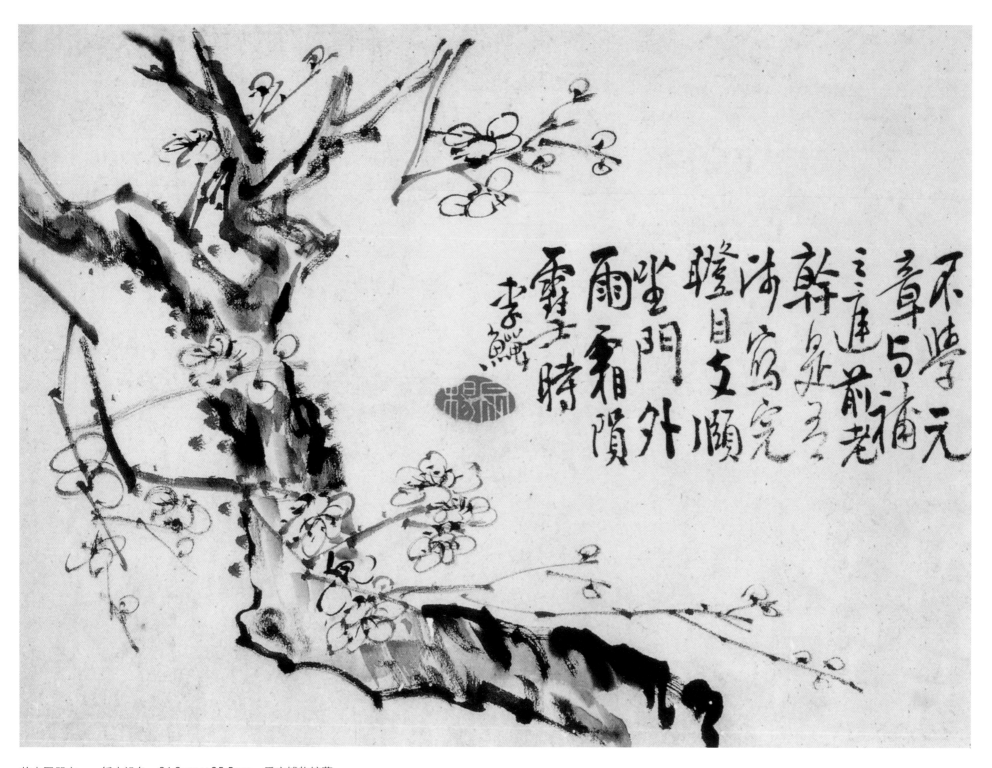

不學章元與補元
三連前老
沛寫完三
瞪目立頋
坐門外
雨霜隕
霜士時
李鱓

花卉图册之一　纸本设色　26.2cm×35.5cm　重庆博物馆藏

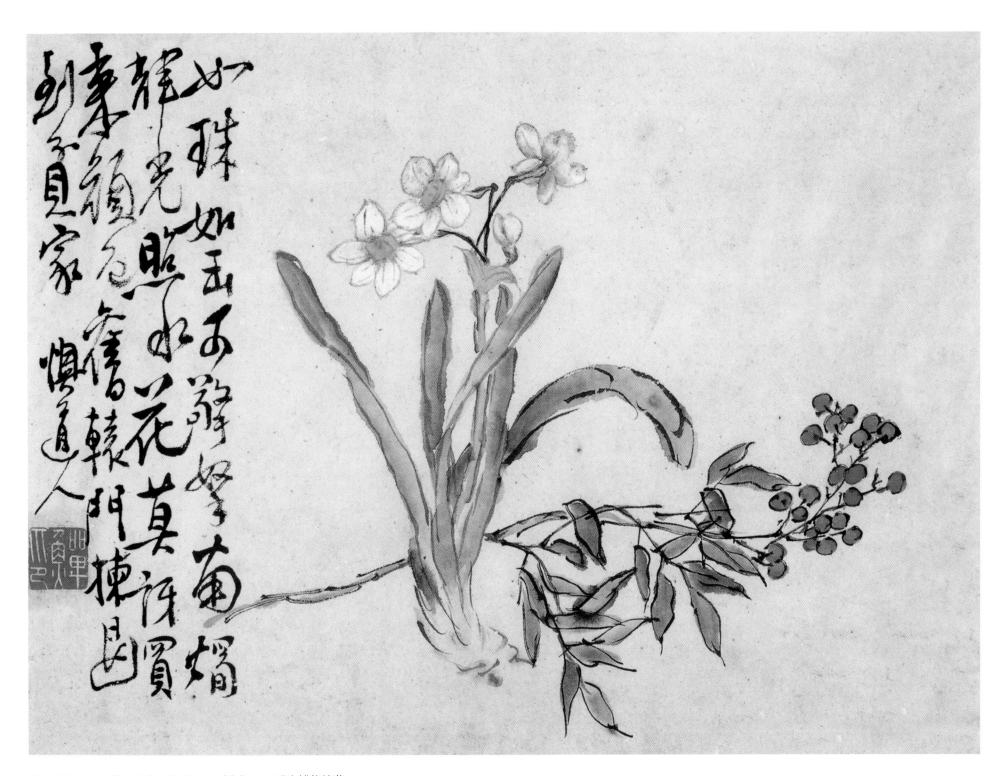

花卉图册之二　纸本设色　26.2cm×35.5cm　重庆博物馆藏

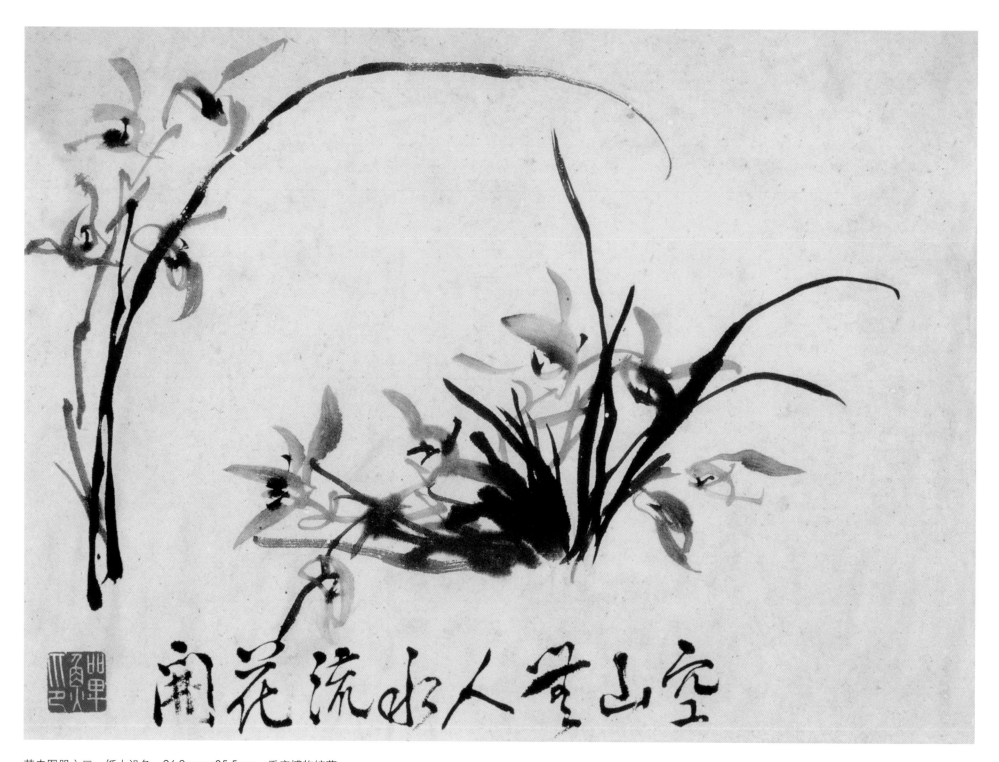

花卉图册之三　纸本设色　26.2cm×35.5cm　重庆博物馆藏

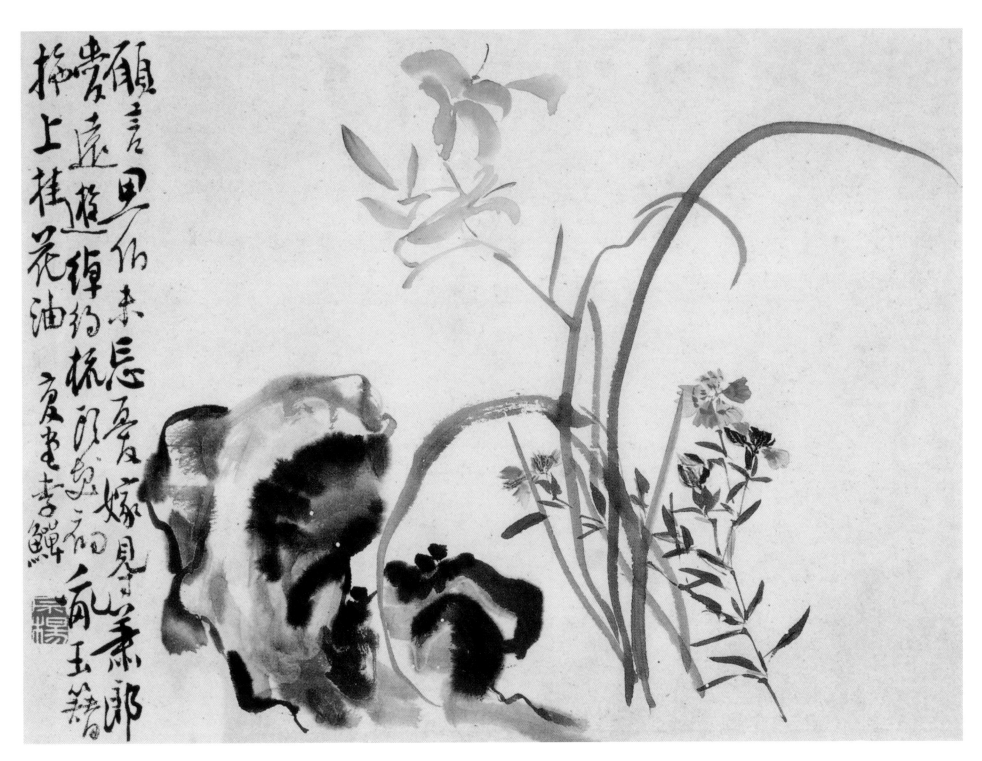

顾言思昆本忌夏嫁見嶷素郎
尝远従遊得約梳即風之而
撸上挂花油
夏畫李鱓

花卉图册之四　纸本设色　26.2cm×35.5cm　重庆博物馆藏

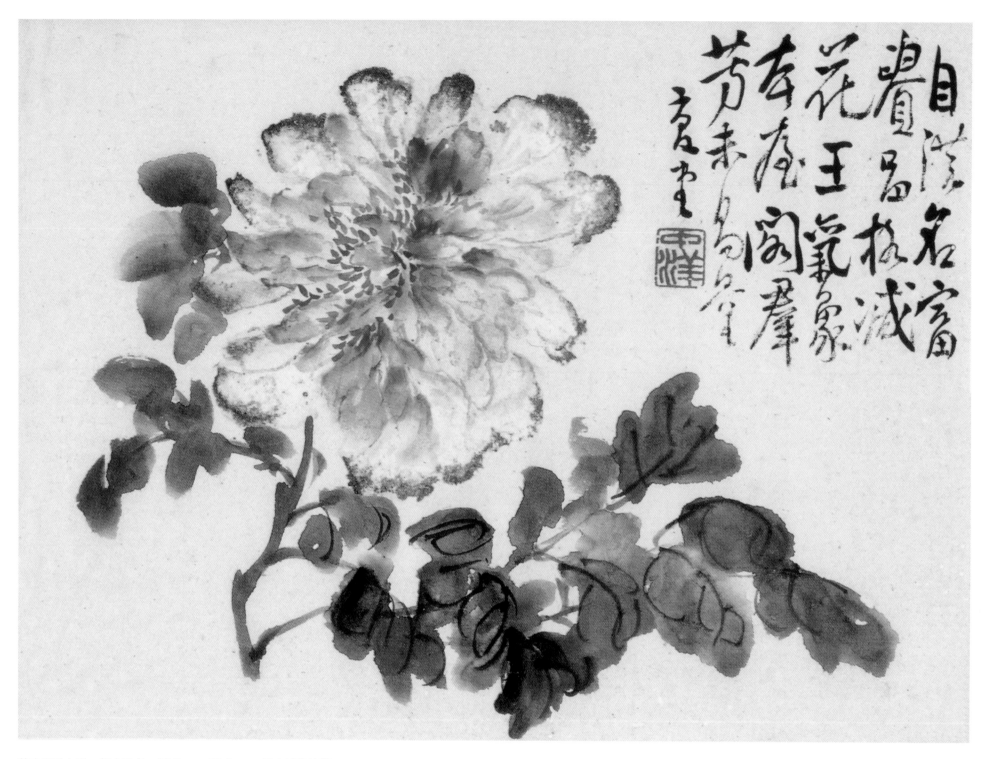

花卉图册之五　纸本设色　26.2cm×35.5cm　重庆博物馆藏

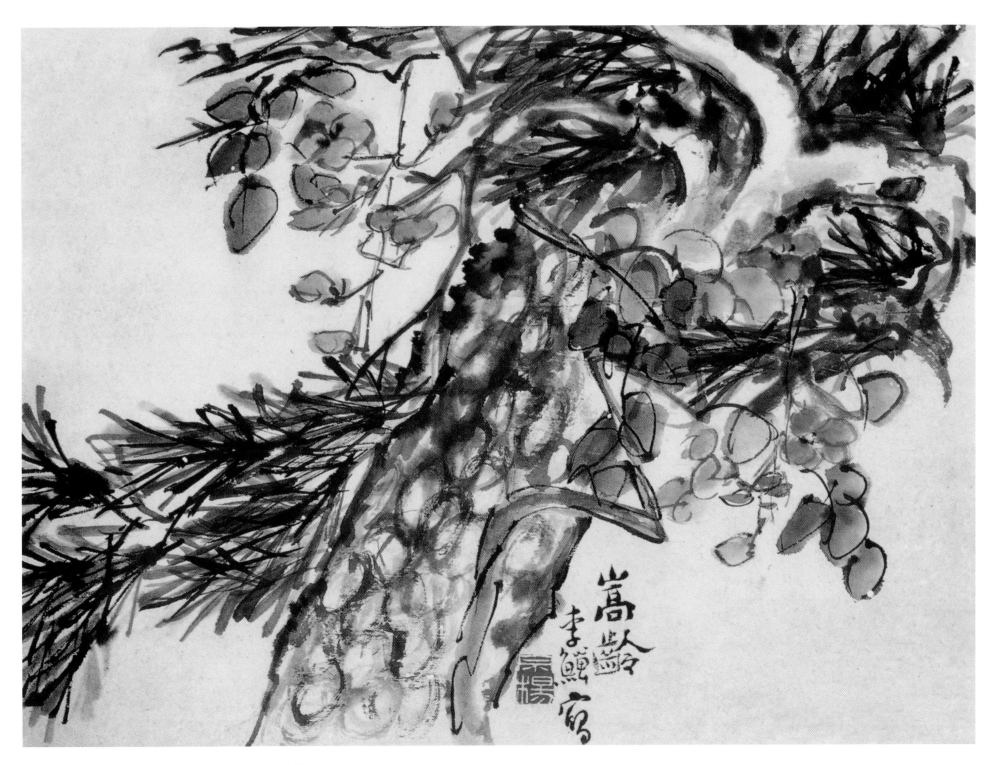

花卉图册之六　纸本设色　26.2cm×35.5cm　重庆博物馆藏

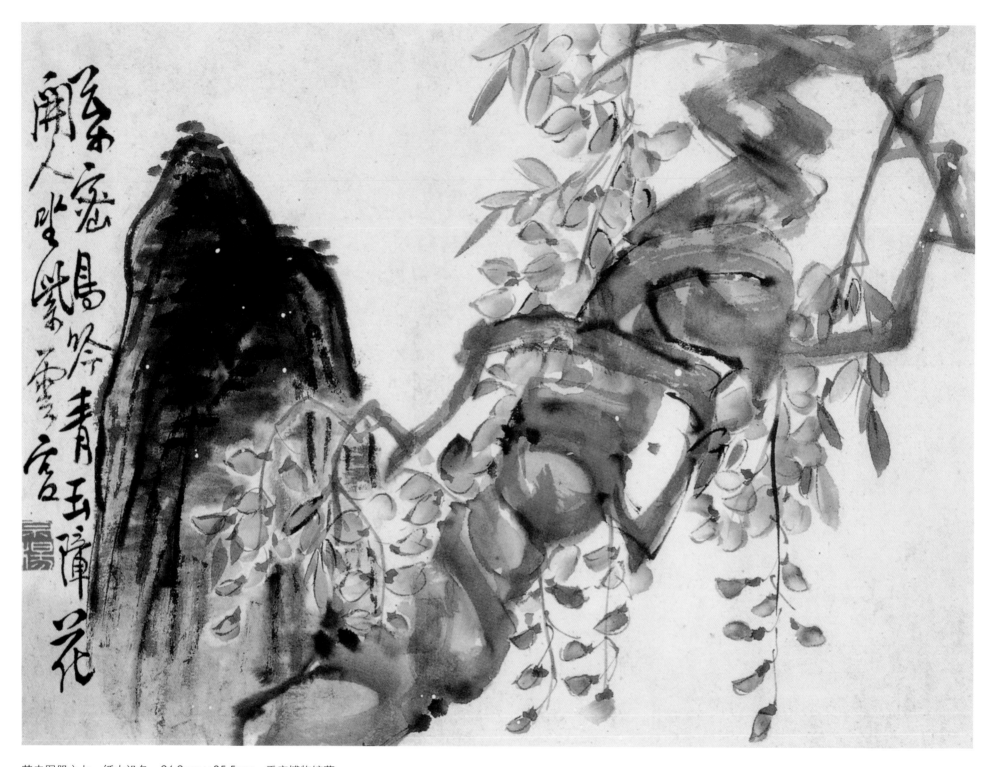

花卉图册之七　纸本设色　26.2cm×35.5cm　重庆博物馆藏

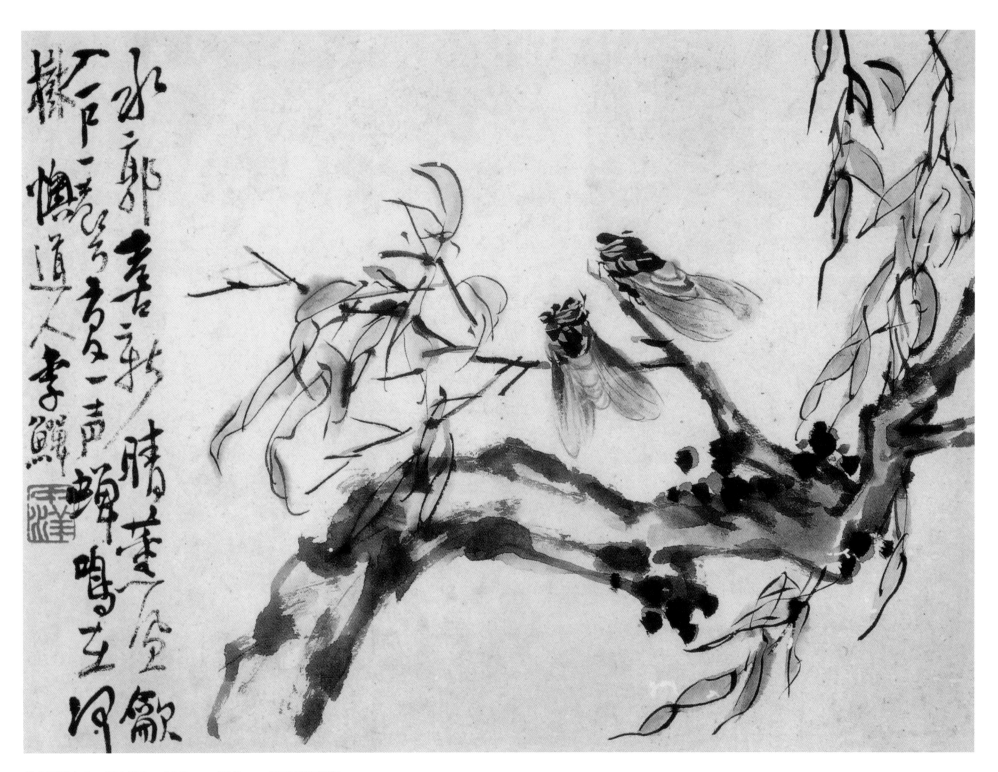

花卉图册之八　纸本设色　26.2cm×35.5cm　重庆博物馆藏

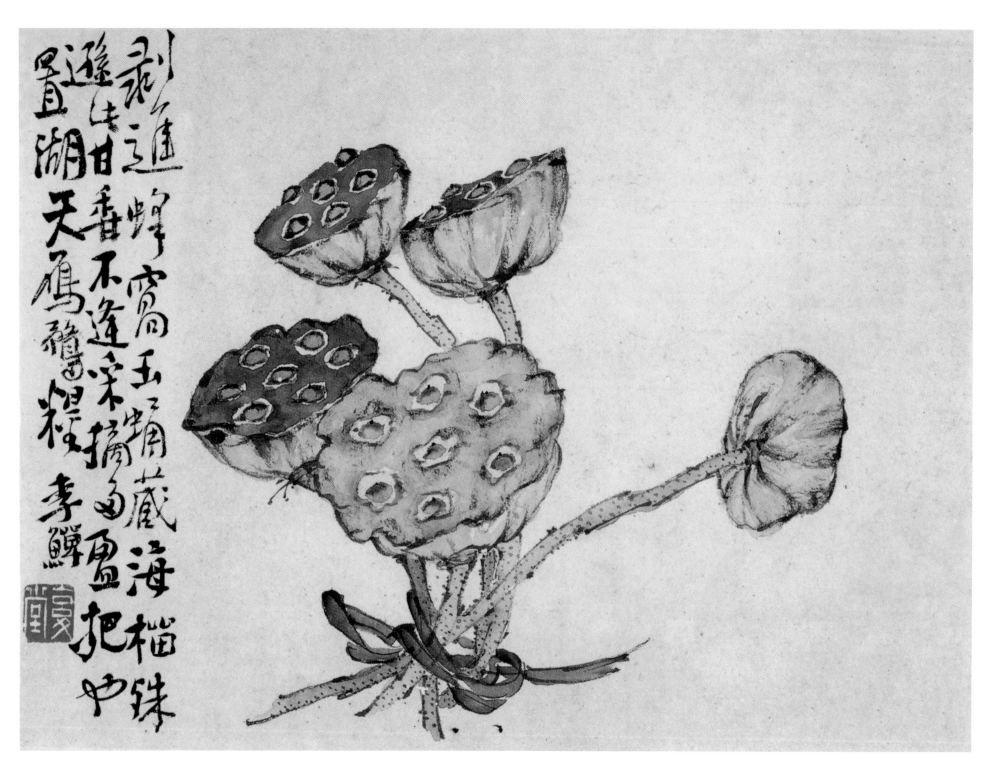

剥蓬蜂窝玉蛹藏海榴珠
邀生甘蕾不逢采摘画盈把中
置湖天鸦雏程季鳝

花卉图册之九　纸本设色　26.2cm×35.5cm　重庆博物馆藏

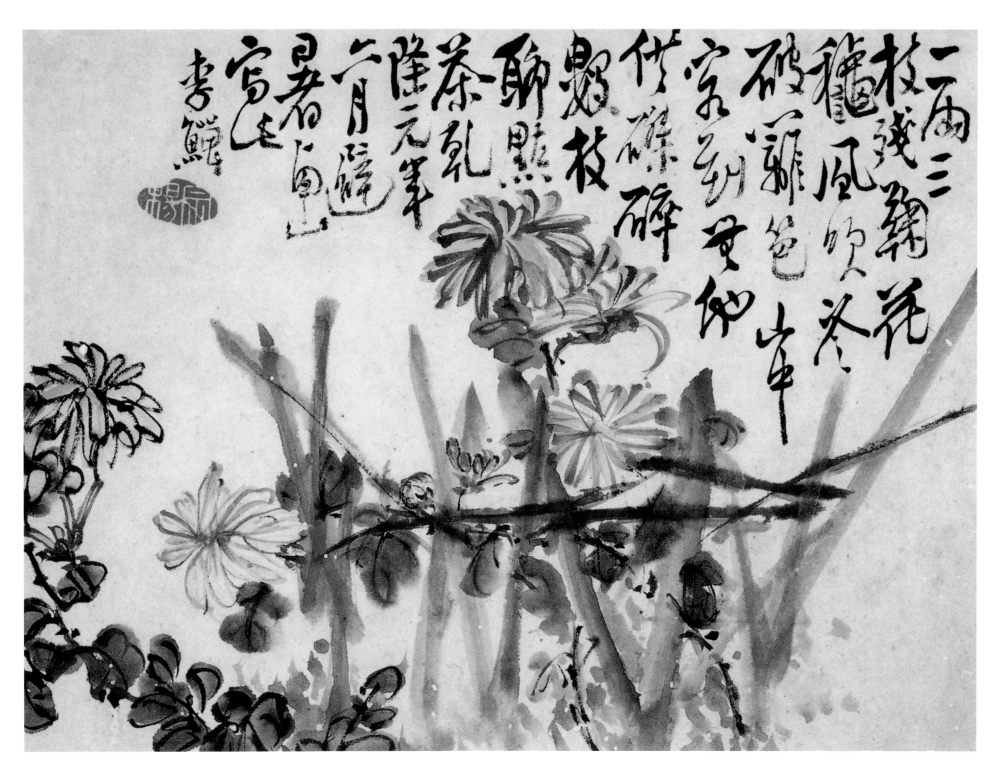

两三枝残菊飘花笼风吹炎破罪色车宗到安奶佛徐碎聚枝颐点茶乳隆元笔六月暑富君图昙暑君图书鲽

花卉图册之十　纸本设色　26.2cm×35.5cm　重庆博物馆藏

金 农

　　金农（1687—1763），清代书画家、诗人。字寿门，又字司农，号冬心先生，又号稽留山民、昔耶居士等。仁和（今浙江杭州）人，流寓扬州。尝署款曰金吉金，梵典中"金"译为"苏伐罗"，故镌一印曰"苏伐罗吉苏伐罗"。博学多才，精鉴别，工书，自创"漆书"，在隶楷间。尤善诗文，造怀夐远，蓄韵幽微。好游历，跋涉四方，终无所遇，年五十始习画。善山水、人物、花卉，尤擅画梅，涉笔即古，脱尽画家之习。画中多跋，写胸中逍遥高岸之气，为"扬州八怪"之一。著有《冬心先生集》等。传世作品有《玉壶春色图》轴、《梅花图》册页等。

古拙天真　抒写性灵

——品金农绘画之意趣

吴大红

　　金农，字寿门，又字司农，号冬心先生、百二砚田富翁、稽留山民、昔耶居士、曲江外史、心出家庵粥饭僧、如来最小弟子等。仁和（今浙江杭州）人，为清代"扬州八怪"之一。金农博学多才，青年时期已负诗名，二十多岁时就著有《冬心先生集》，又受其师何焯、乡友丁敬等影响，酷嗜古碑版及金石篆刻研究。金农还精于鉴赏与刻砚，并著有《冬心斋砚铭》。他书法功力深厚，并自创一家，其中"漆书"为其所创，是清代杰出的书法家。曾入都参加博学鸿词科应选，未中，遂周游四方，足迹遍布大江南北。中年以后定居扬州，以鬻书卖画为生，曾住扬州的三祝庵、西方寺。一生布衣，未入仕途，生活颇为窘迫，七十七岁时终老于西方寺。

　　约五十岁时，金农方开始绘画创作，由于深厚的文学造诣及书法功底，起步即高，被誉为"涉笔即古，脱尽画家之习"。他的绘画不拘形似，稚拙古朴，布局别出心裁，富有意趣。强调师古人之意，不师古人之迹。作品以书法入画，诗、书、画、印相结合。比之前代绘画和同时代正统绘画，他放多于敛，奇多于正，写多于工，刚多于柔，拙多于巧，朴多于华。正是有着这样鲜明的绘画风格和独特的艺术主张，金农被冠上了"八怪"之名，成为"扬州八怪"的重要代表者。

　　从金农流传下来的作品看，以册页画居多，题材、形式丰富，花卉、蔬果、山水、人物、佛像、鞍马无不精通，风格独特，让人深刻品味到金农的博学多才和高华气格。肖燕翼言及"金农的作品少见于高山大川类巨幅图画，更多的是低吟细咏的小品画，表面看有些小家碧玉之气象，与他花费半生气力，游历大江南北不相吻合，然而，文人的气格中原有'适我无非新'的内涵，倘于一觞一咏、一草一木中，即能够'欣于所遇'，暂得于己，快然自足"。从所选的册页画中，亦能感同身受，尺幅中足以见出文人之情怀。

　　金农一生画梅颇多，渊博的学识和深厚的艺术修养以及丰富的人生经历，给梅花这一绘画上的老题材，如"老树着花"，带来了新的生机。他在历代画梅形式上呈现了鲜明的个性，形成了独特创意，是继元代王冕之后的一位画梅大家。此图册中，梅花占据很大的比重，足见梅花是金农最钟爱的绘画题材，亦最能代表其绘画的风格特征。

　　从金农的画跋中提及的各位画梅名家及所画作品看，他深受以华光、补之、叔雅、白玉蟾、王冕为代表的宋元水墨梅花一派前人的影响。但金农画梅又不类古人，用笔独特，具有用笔援用篆、隶笔法，淳厚古拙，刚健而又内敛等特点。在用墨上，金农大多为淡墨圈花或发干，亦常用浓墨点苔，错落有致，与淡墨枝干形成了鲜明的层次感，画面浓淡有节律，使之浓而不板、淡而不薄，呈现出清奇与幽冷的气息。在用墨上不刻意表现局部细节和形态的刻画，重在把握画面的整体性。

　　从构图形式上还能看到金农追求平面化创意，重点突出点、线、面的平面构成，压缩层次，画面简约而强烈，还注重空间的节奏与分割，有意加强装饰意味或观念意识。金农的梅花和王冕的梅花相比，更加意象化、抽象化，他笔下的梅花更多的为象征性的符号，注重空间布置的整体感，即便是繁花密枝，画面也疏朗通透。金农绘画的意象性、简约化，体现了他高度的审美观。

金农高度的笔墨涵养及构图上的独到表现，使他的绘画富有高古而又清奇的气息，这种气息是他独特的人格特征的外化所致。以上特点不难从《梅花图》册（上海博物馆藏）中得到印证。这部册页金农画于1757年，均为水墨圈花的表现形式，笔墨娴熟，意趣生动，风格高古、清逸，是金农梅作中较有代表性的作品。

题款亦是金农绘画中的一大特色，方薰在《山静居论画》中说："画有不题款者，惟冬心不可无题；新词隽语，妙语风裁，行草隶书，俱入书法。"足见题款在金农绘画中的重要性。从形式上看，金农大部分画都有一大空间留于题跋，题跋分布错错落落，与构图有很强的呼应感。且书体与画风相得益彰，金农以篆隶入画，画风高古，不作张狂之态，因此，大多题跋用的是行书、楷书、漆书，更增添了古拙、清奇的风貌。从内涵上看，金农画跋中最为突出的是诗词款以及绘画流变的记述和品评。从金农画中的不少诗款中，可以看出金农的题款内涵特点，从不少诗款、画跋中能读到他丰富的思想内涵，孤高、独立的个性以及对命运不平的叹息，仿佛是对金农人生的注解。

金农是"扬州八怪"中一位兼擅多能的突出代表，从梅、兰、竹、菊四君子，继而山水、人物、佛像、鞍马等，另外，还画了大量的蔬果、鱼虫之类富有生活气息的题材。其所画蔬果用笔朴实、平稳，墨色清亮，散发出美好、清朴之气，透露出天真、平和的气息。所画佛像、人物用笔简洁，线条轻松，不求形似而求神合，达到了出神入化的境界。金农的山水册页，画面疏朗、清淡、辽阔，山以淡墨轻染，尺幅中布局自适，方寸之中天地宽广、水面迢遥。金农的山水画既能让人感受到文人画中"雅"的一面，也能让人体味到"江南好，风景旧曾谙"般熟悉且喜闻乐见的"俗"的一面。

因此，所谓"窥一斑而见全貌"，可以说，金农所有的绘画题材都是直抒性灵的心绪自况。即使是人所常见的一景一物，在其笔下都能把"大俗"变为"大雅"，在俗与雅的转换中，还透出一点淡淡的诙谐之感。例如他在《花卉蔬果图》册（中国国家博物馆藏）之二中云："夜打春雷第一声，满山新笋玉棱棱。买来配煮花猪肉，不问厨娘问老僧。"这种诙谐感与田园牧歌式的情调以及他的"乱吹乱落乱沾泥"的景象，相互交织成他悲凉的人生，在自叹中自强不息，读者也能从中读出轻松幽默之感、天真之趣、幽远之境。金农的这种人格精神，令人回味无穷。

稚拙天真，抒发性灵，以书法入画，意趣高古清奇，形成了金农绘画的风格特征。任何优秀独特风格的形成，都有其历史渊源，不然成了"无本之木，无源之水"。通过金农的作品可以看到，创新并非有悖传统，而是更强调"师其意而不师其迹"。从他的画作题款中可以看到众多对古人的画评，记述了历代名家以及绘画发展的流变，足可感受到金农深厚的传统学养。金农以其渊博的学识和艺术修养，不趋时流，重在抒写性灵的艺术精神，给当今后学者提供了非常有益的启示。

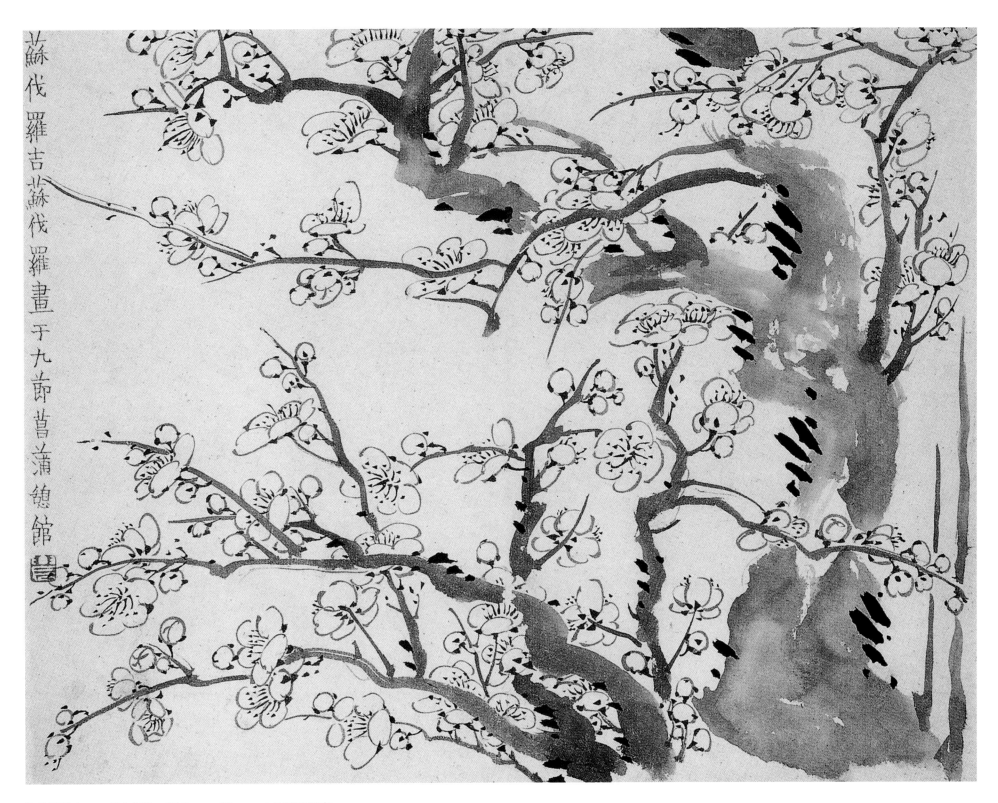

梅花图册之一　纸本墨笔　25.8cm×33cm　上海博物馆藏

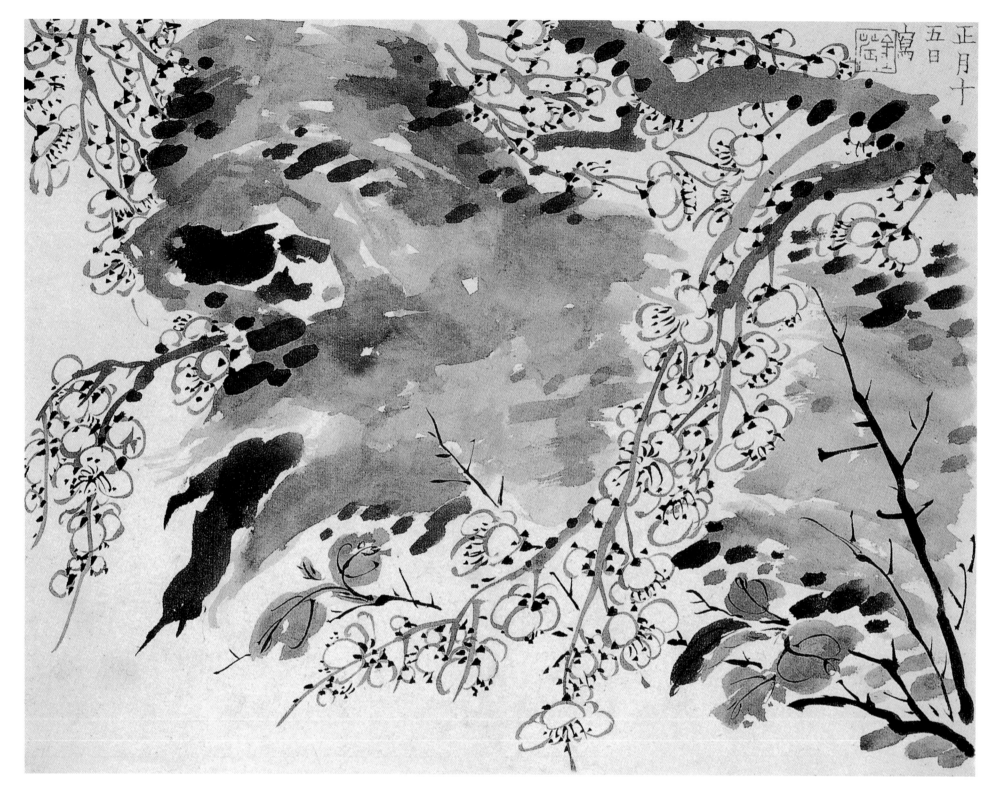

正月十五日 寫

梅花图册之二　纸本墨笔　25.8cm×33cm　上海博物馆藏

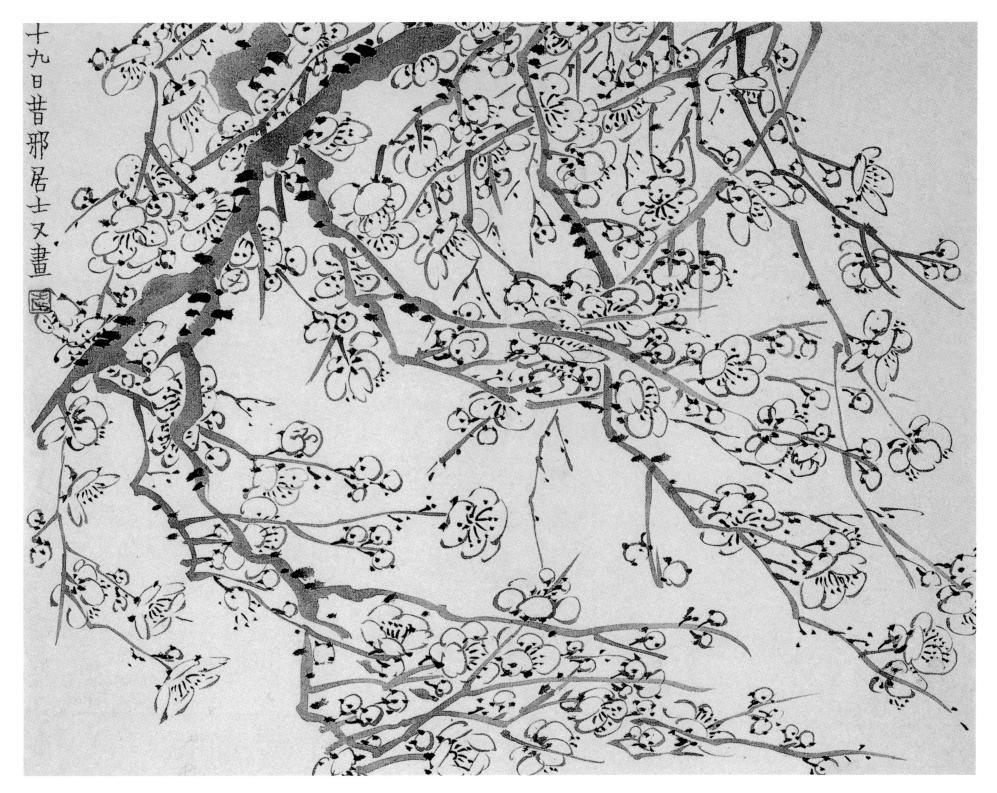

十九日昔耶居士又畫

梅花图册之三　纸本墨笔　25.8cm×33cm　上海博物馆藏

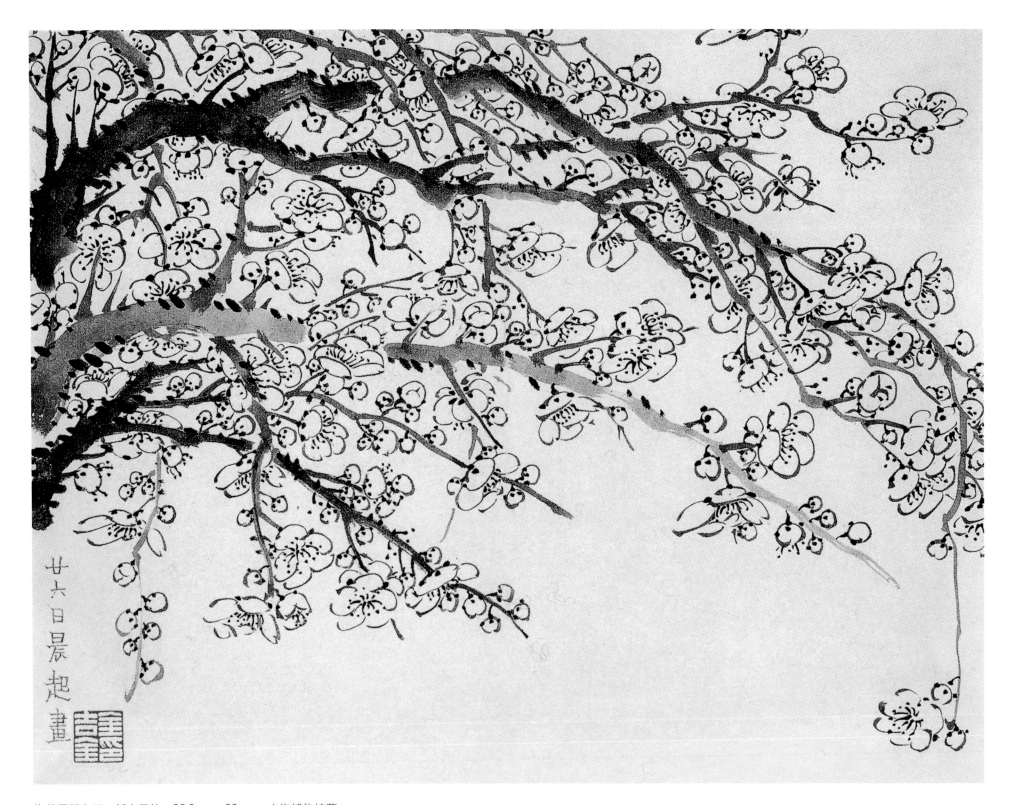

梅花图册之四　纸本墨笔　25.8cm×33cm　上海博物馆藏

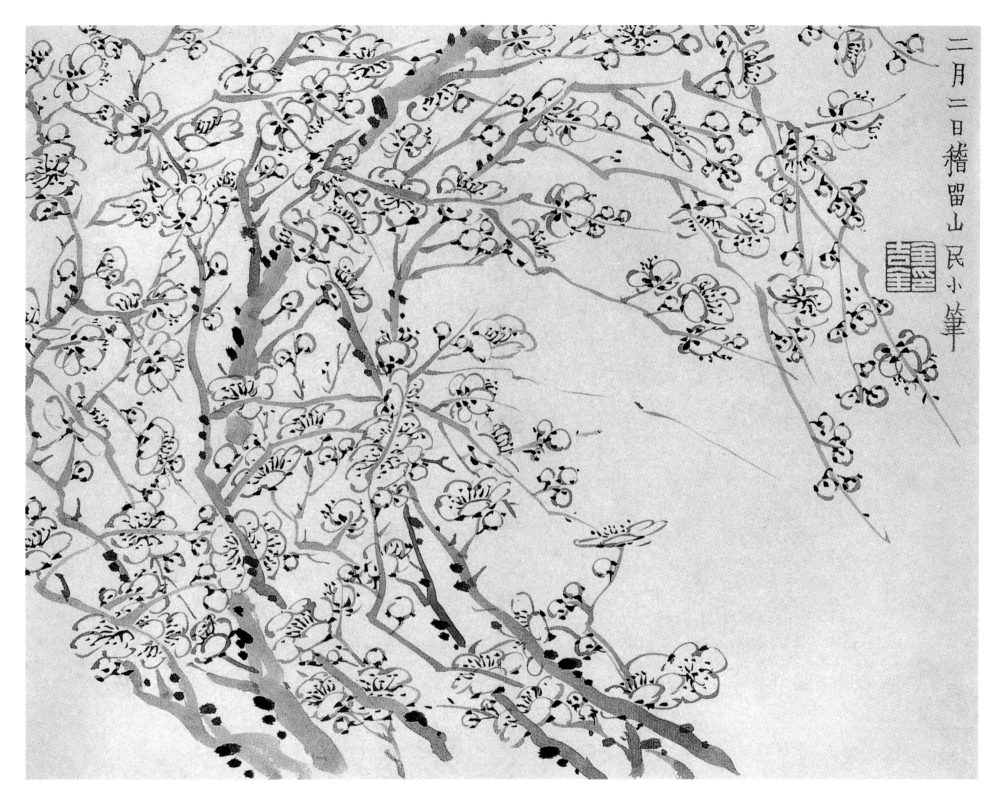

二月二日樁留山民小筆

梅花图册之五　纸本墨笔　25.8cm×33cm　上海博物馆藏

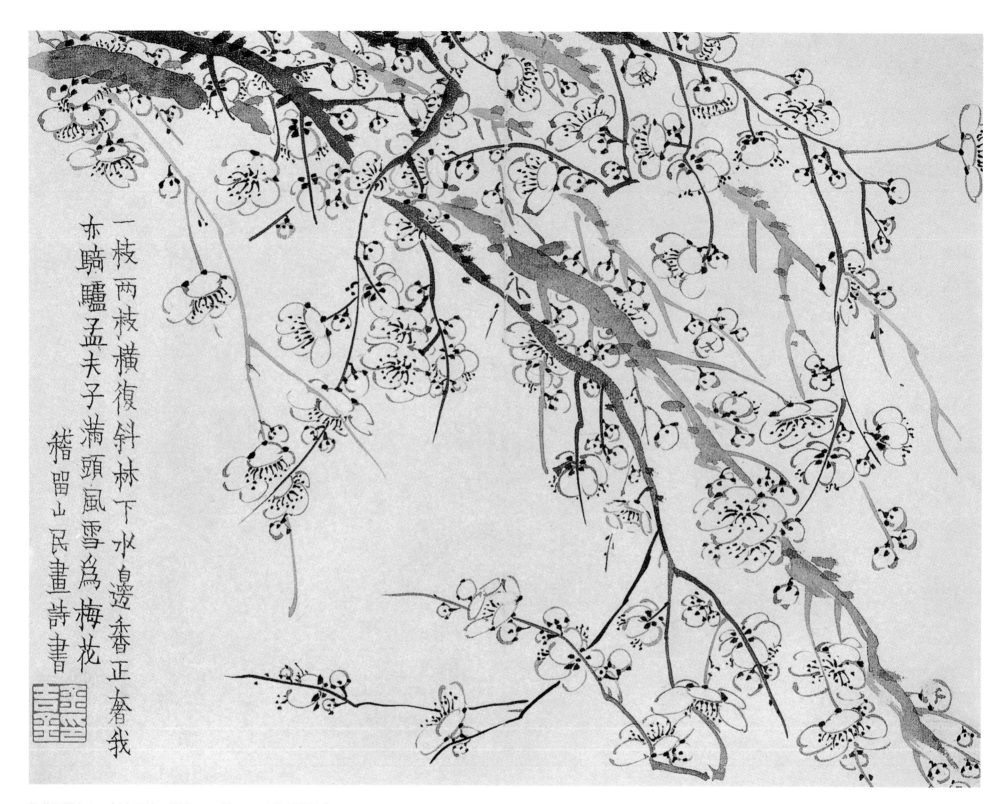

一枝兩枝橫復斜 林下水邊香正奢 我
亦騎驢孟夫子 瀟頭風雪為梅花
楷留山民畫詩書

梅花图册之六　纸本墨笔　25.8cm×33cm　上海博物馆藏

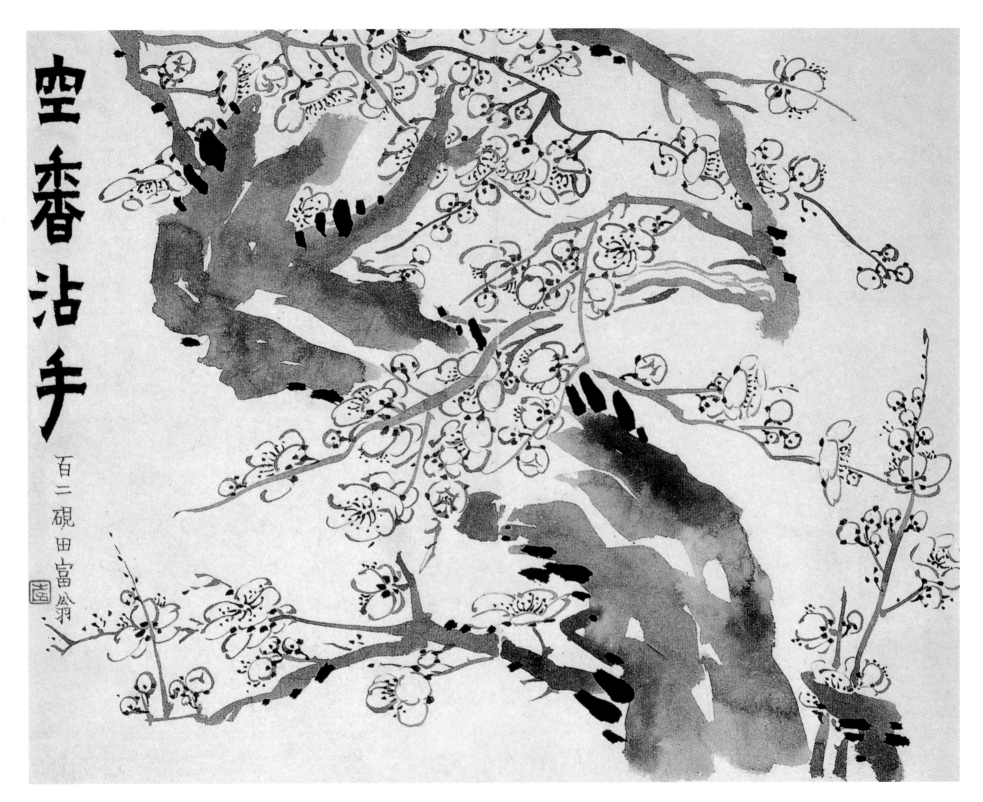

空馫沾手

百二硯田富公羽

梅花图册之七　纸本墨笔　25.8cm×33cm　上海博物馆藏

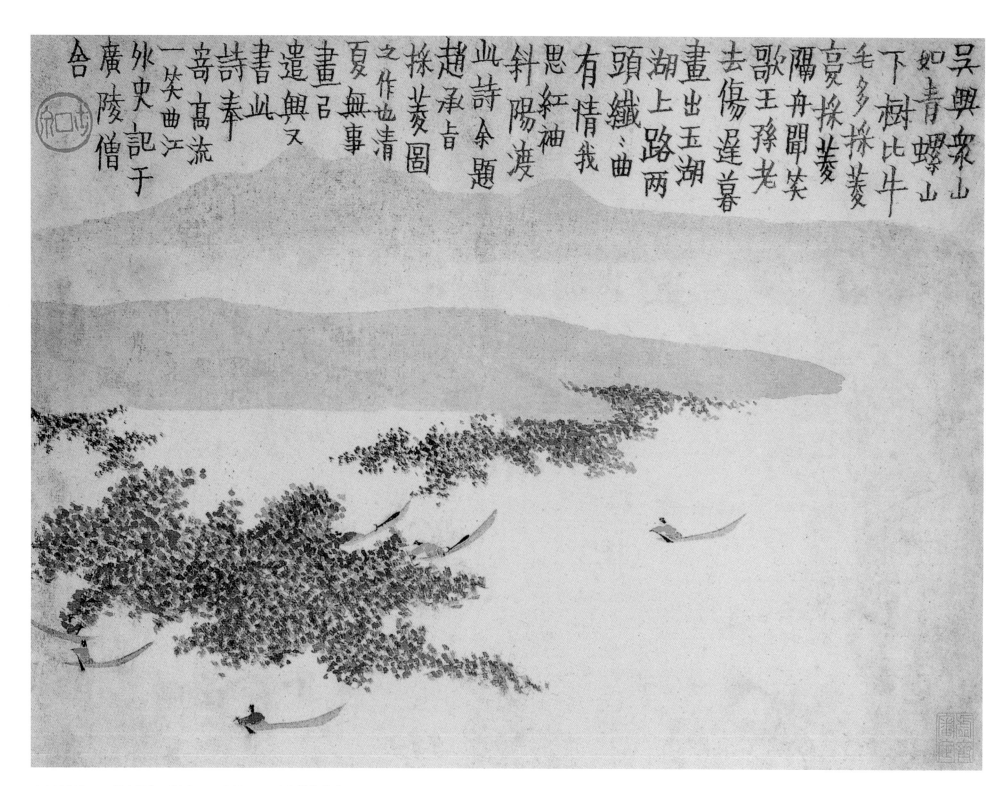

吴興衆山
如青螺山
下樹比牛
毛多採菱
隔舟採菱
亮採菱
歌王孫老
去傷遲暮
畫出玉湖
湖上路兩
頭纖纖曲
有情我
思紅袖
斜陽渡
趙承旨
山詩余題
採菱圖
之作也清
夏無事
畫已無又
遣興
書此
詩奉
亭高流
一笑曲江
外史記于
廣陵僧
舍廣陵

山水图册之一　纸本设色　26.1cm×34.9cm　上海博物馆藏

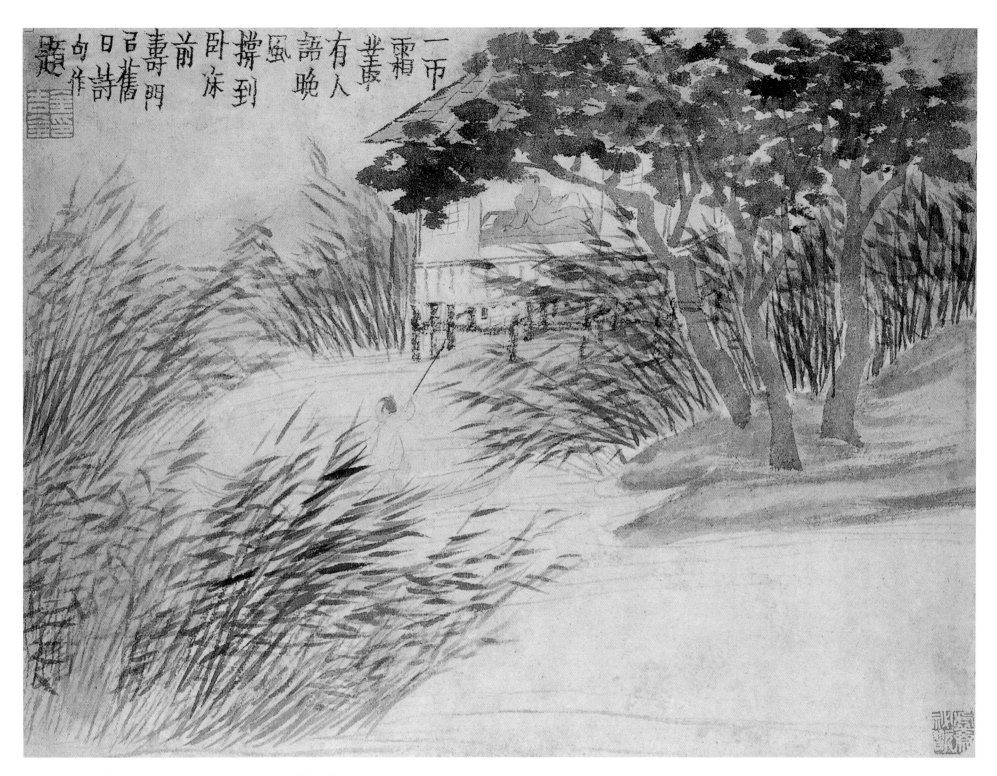

一市霜黄叶有人语晚风撑到卧床前寿门日召旧诗句作题

山水图册之二　纸本设色　26.1cm×34.9cm　上海博物馆藏

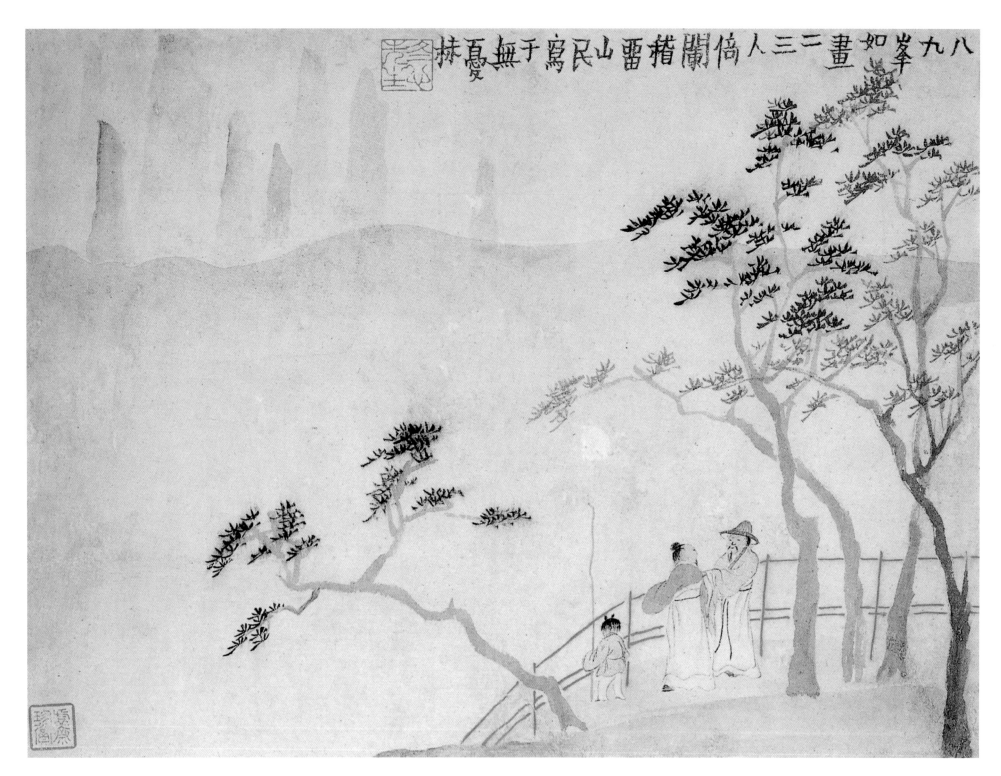

山水图册之三　纸本设色　26.1cm×34.9cm　上海博物馆藏

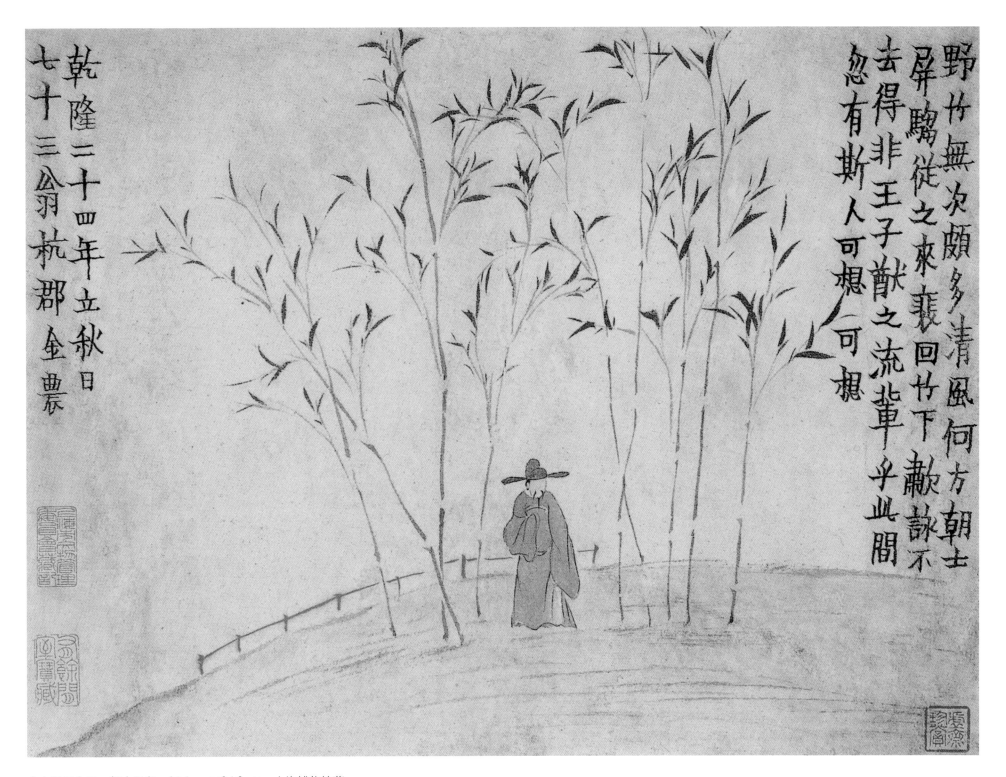

野竹無次頗多清風何方朝士
屏騎從之來褰回竹下獻詠不
去得非王子猷之流輩乎此間
忽有斯人可想可想

乾隆二十四年立秋日
七十三翁杭郡金農

山水图册之四　纸本设色　26.1cm×34.9cm　上海博物馆藏

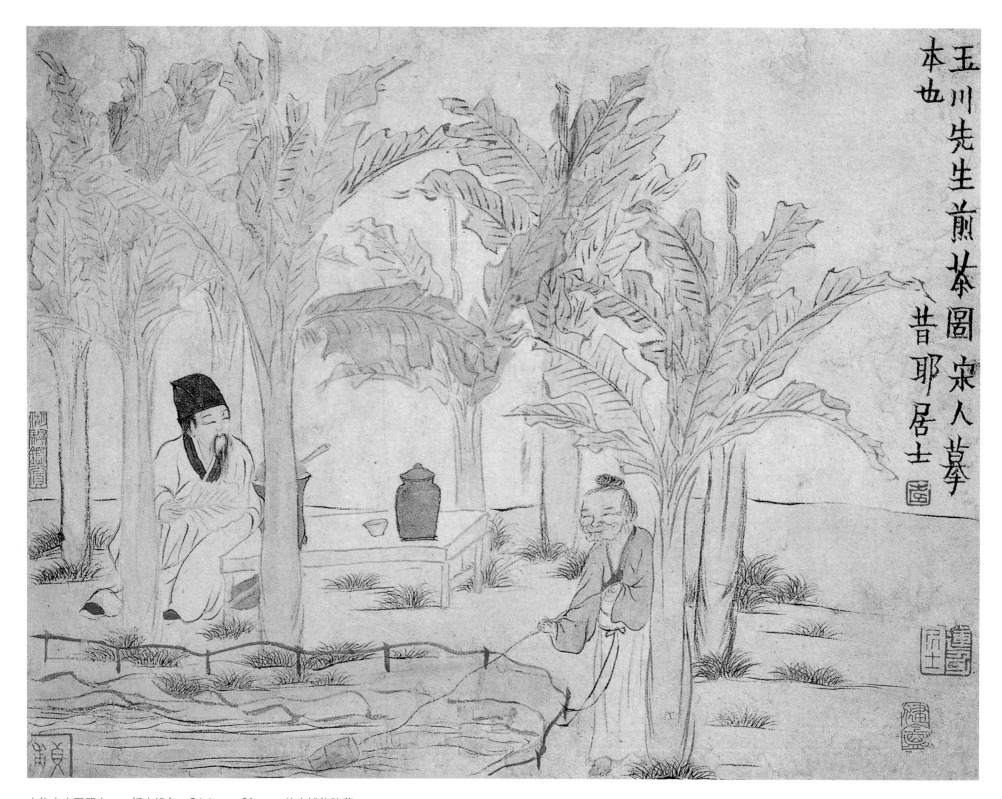

玉川先生煎茶圖宋人摹
本也　昔耶居士圖

人物山水图册之一　纸本设色　24.4cm×31cm　故宫博物院藏

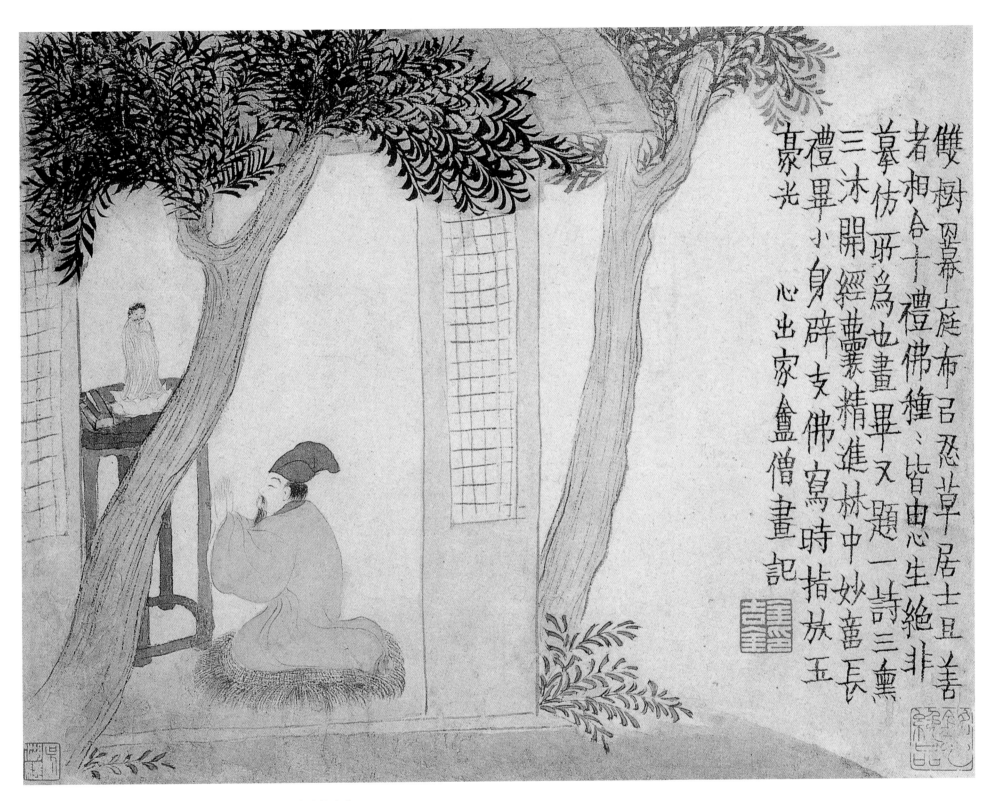

雙樹冪庭布己忍草居士且善
者相合十禮佛種種皆由忍生絕非
摹仿耶為也畫畢又題一詩三薰
三沐開經囊精進林中妙喜長
禮畢小身辟支佛寫時指放五
豪光心出家盦僧畫記

人物山水图册之二　纸本设色　24.4cm×31cm　故宫博物院藏

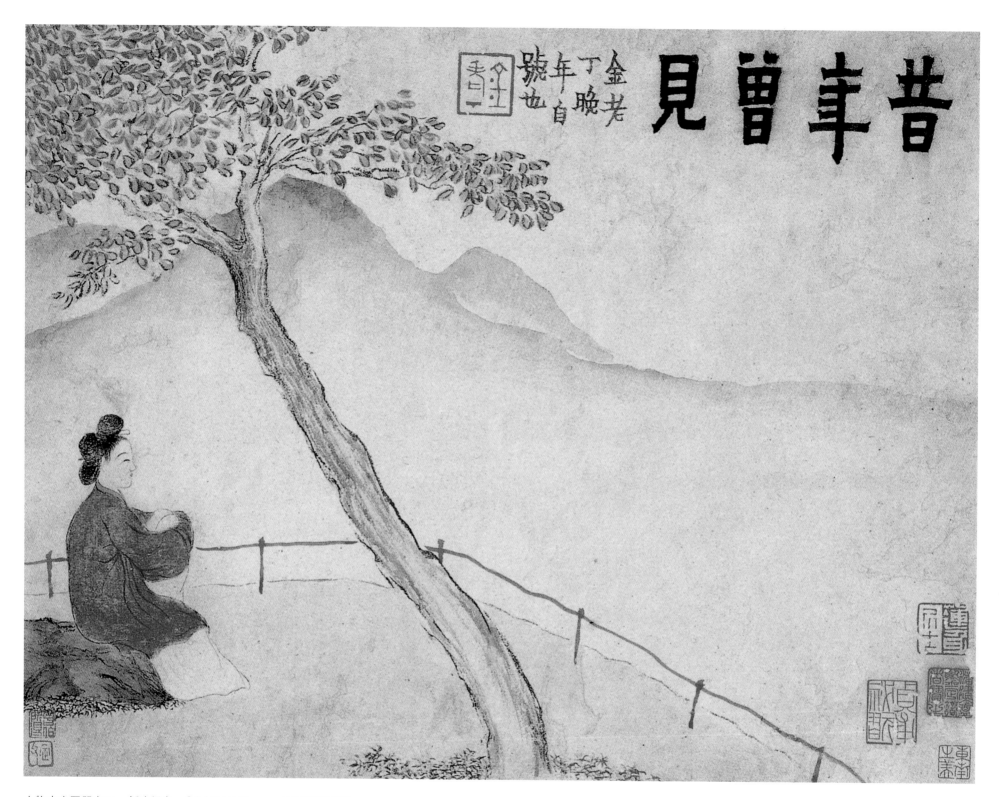

人物山水图册之三　纸本设色　24.4cm×31cm　故宫博物院藏

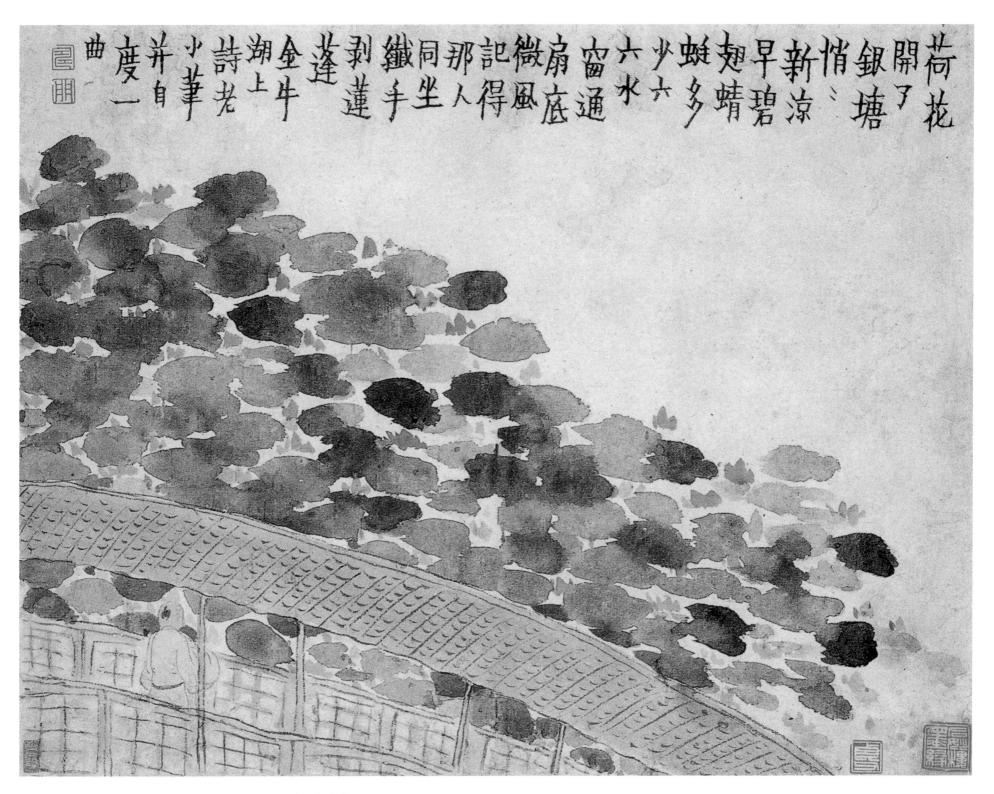

荷花開了銀塘悄悄新涼碧早蜻蜓少六水六窗底通風微記那人得同坐纖剥蓮蓬手金牛上湖詩老少華自並度曲一

人物山水图册之四　纸本设色　24.4cm×31cm　故宫博物院藏

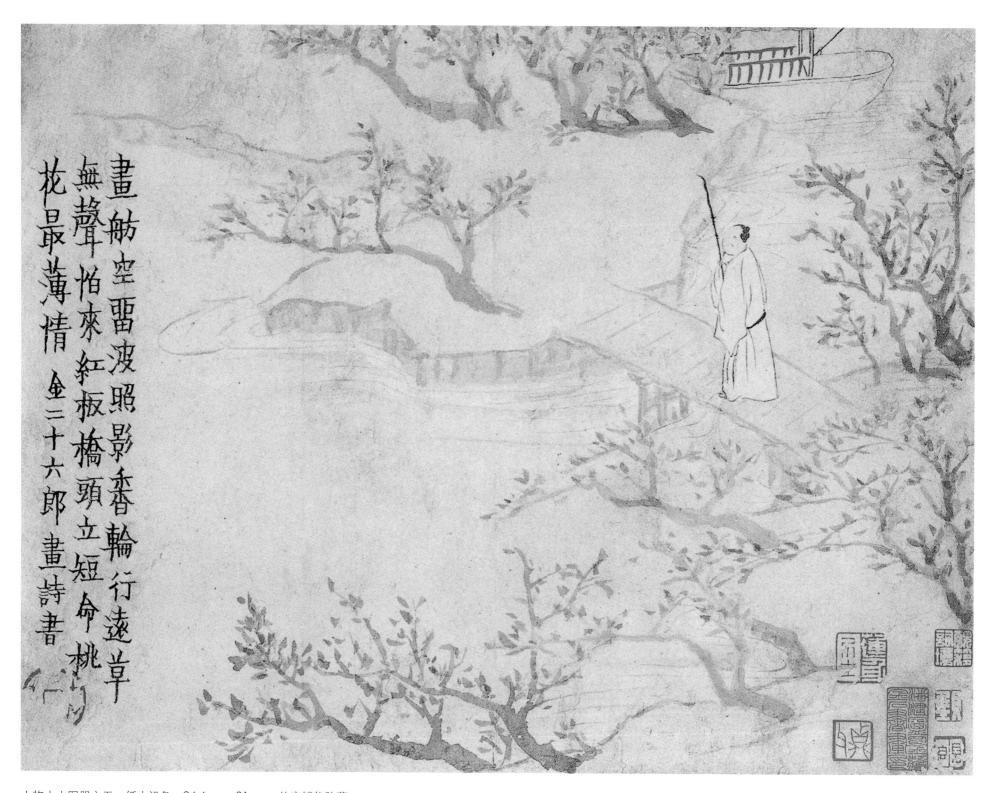

畫舫空罍波照影香輪行遠草
無聲怕來紅板橋頭立短命桃
花最薄情 金二十六郎畫詩書

人物山水图册之五　纸本设色　24.4cm×31cm　故宫博物院藏

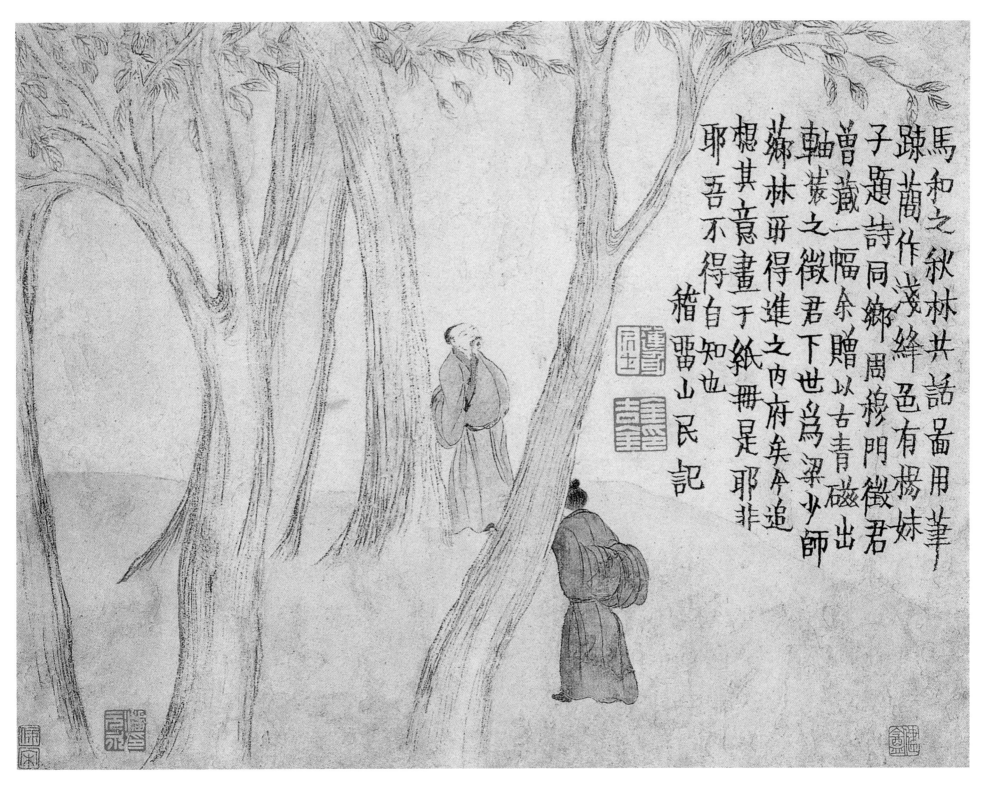

馬和之秋林共話圖用筆
踈簡作淺絳邑有楊妹
子題詩同鄉周穆門徵君
曾藏一幅余贈以古青磁出
軸裝之徵君下世為梁少師
蔣林衙得進之內府矣今追
想其意畫于紙冊是耶非
耶吾不得自知也
稽留山民記

人物山水图册之六　纸本设色　24.4cm×31cm　故宫博物院藏

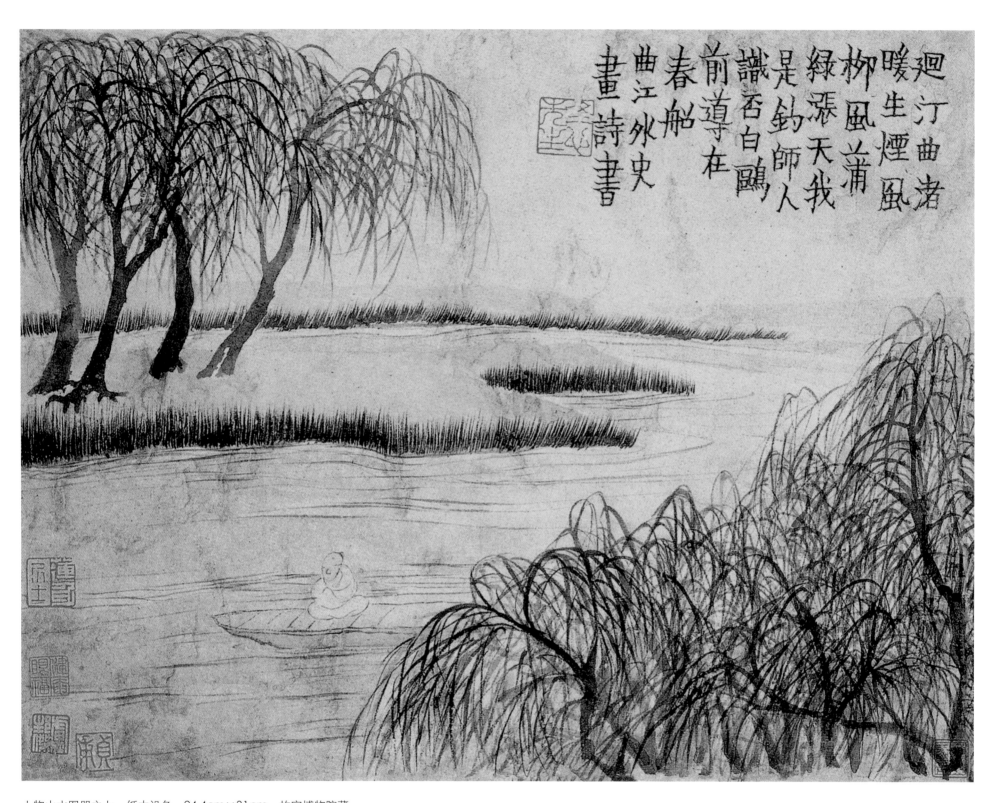

廻汀曲渚
暖生煙霧
柳風蕭
綠漲天我
是釣師人
識否白鷗
前導在
春船
曲江外史
畫詩書

人物山水图册之七　纸本设色　24.4cm×31cm　故宫博物院藏

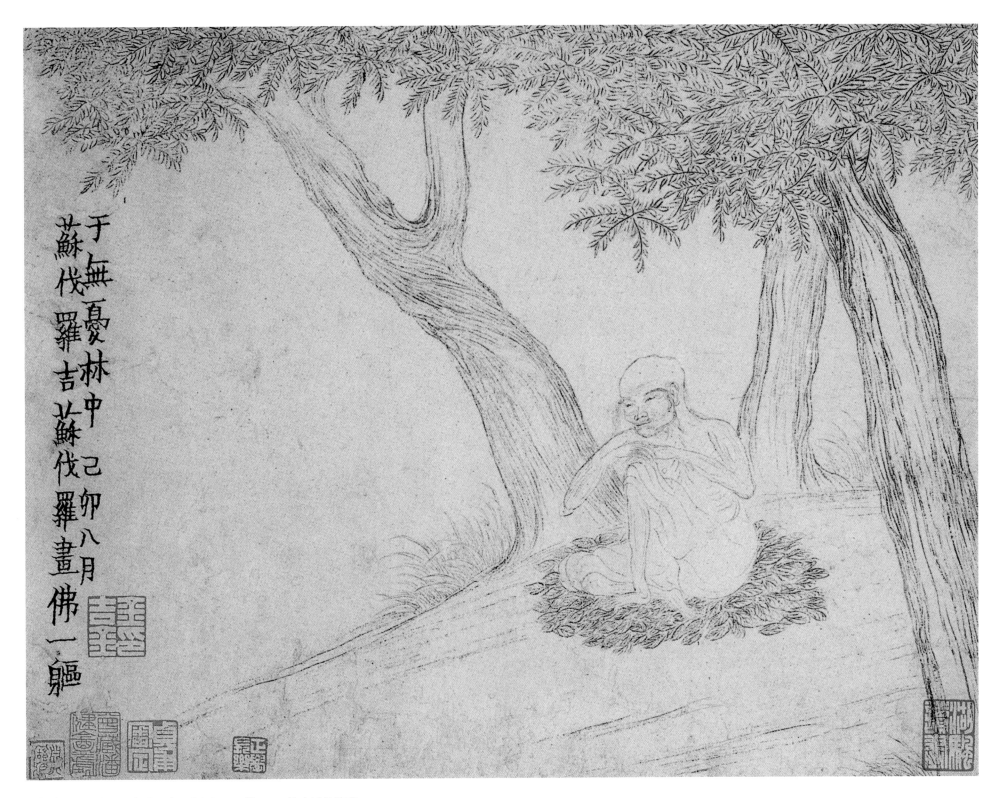

于無憂林中

蘇伐羅吉蘇伐羅畫佛一軀

己卯八月

人物山水图册之八　纸本设色　24.4cm×31cm　故宫博物院藏

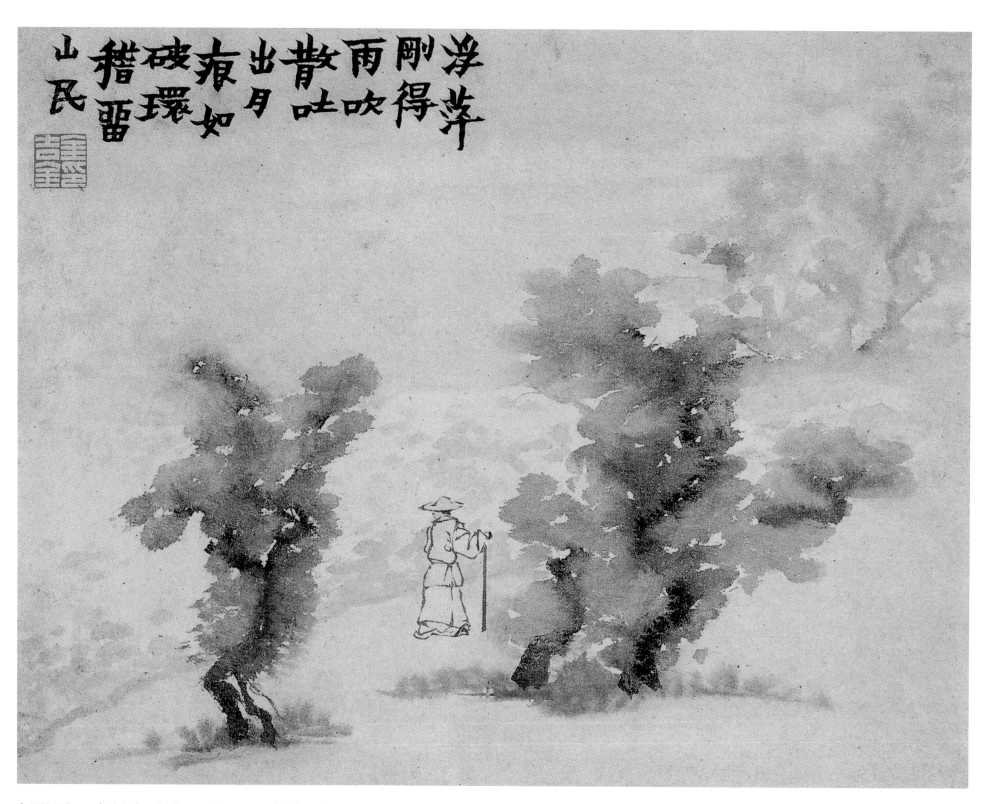

浮萍剛得雨吹散月出痕如破環山民藉雷

杂画图册之一　纸本设色　24.2cm×31.5cm　上海博物馆藏

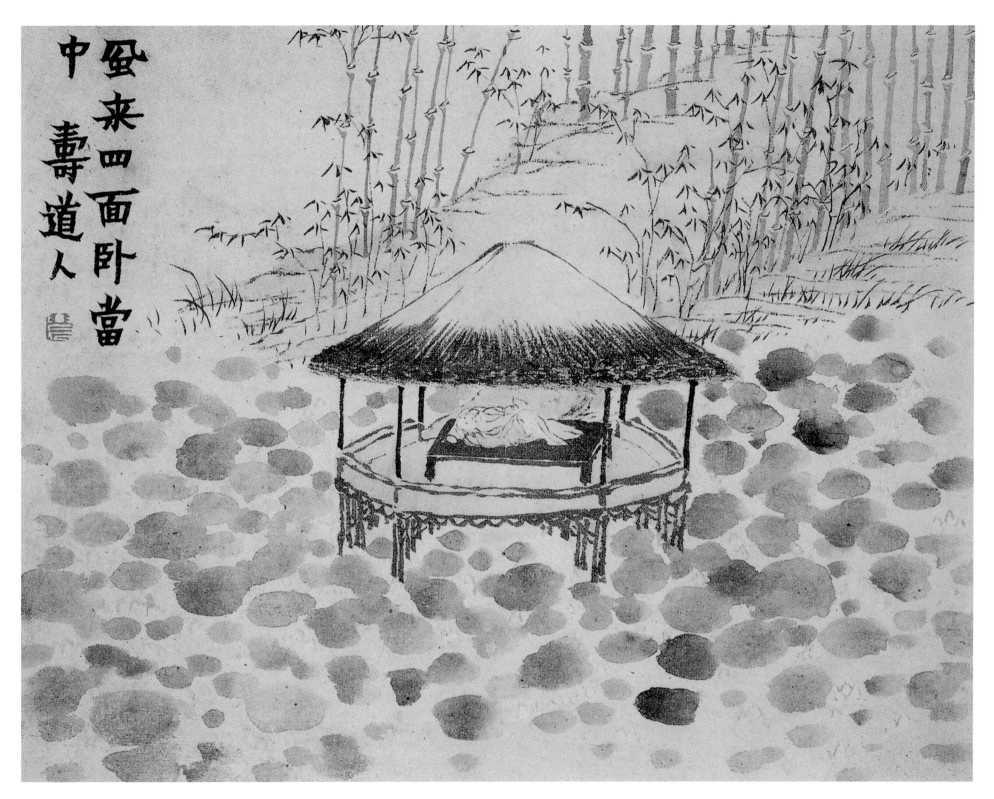

蚤来四面卧当中壽道人

杂画图册之二　纸本设色　24.2cm×31.5cm　上海博物馆藏

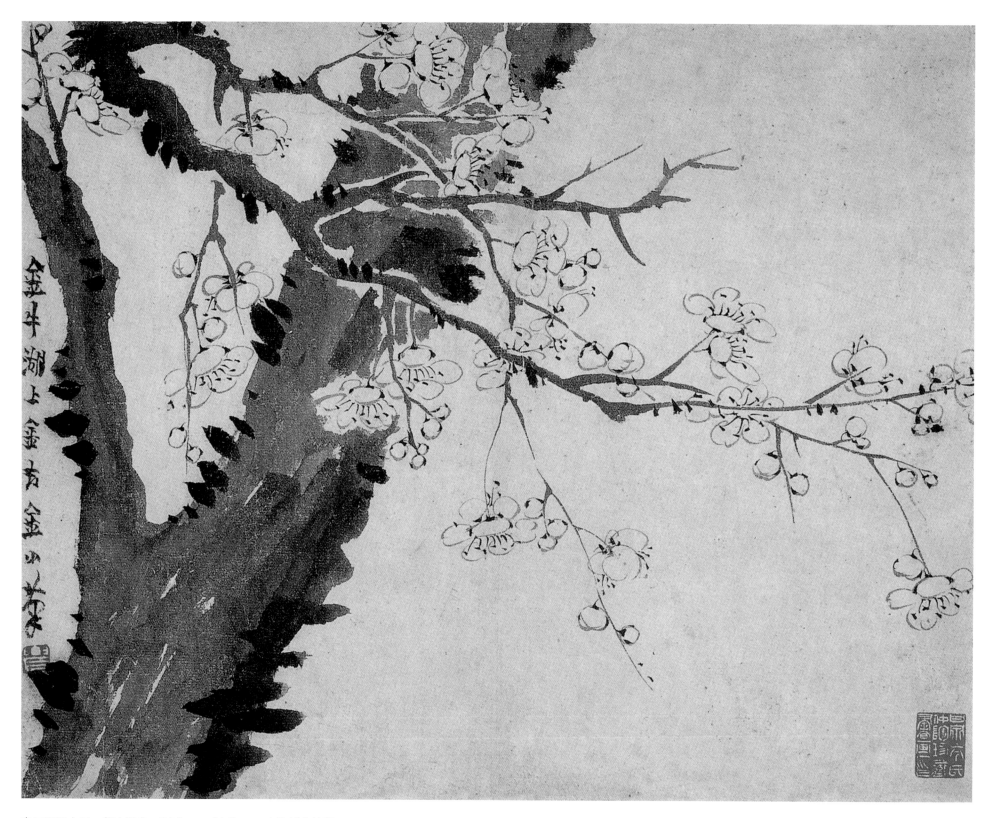

杂画图册之三　纸本设色　24.2cm×31.5cm　上海博物馆藏

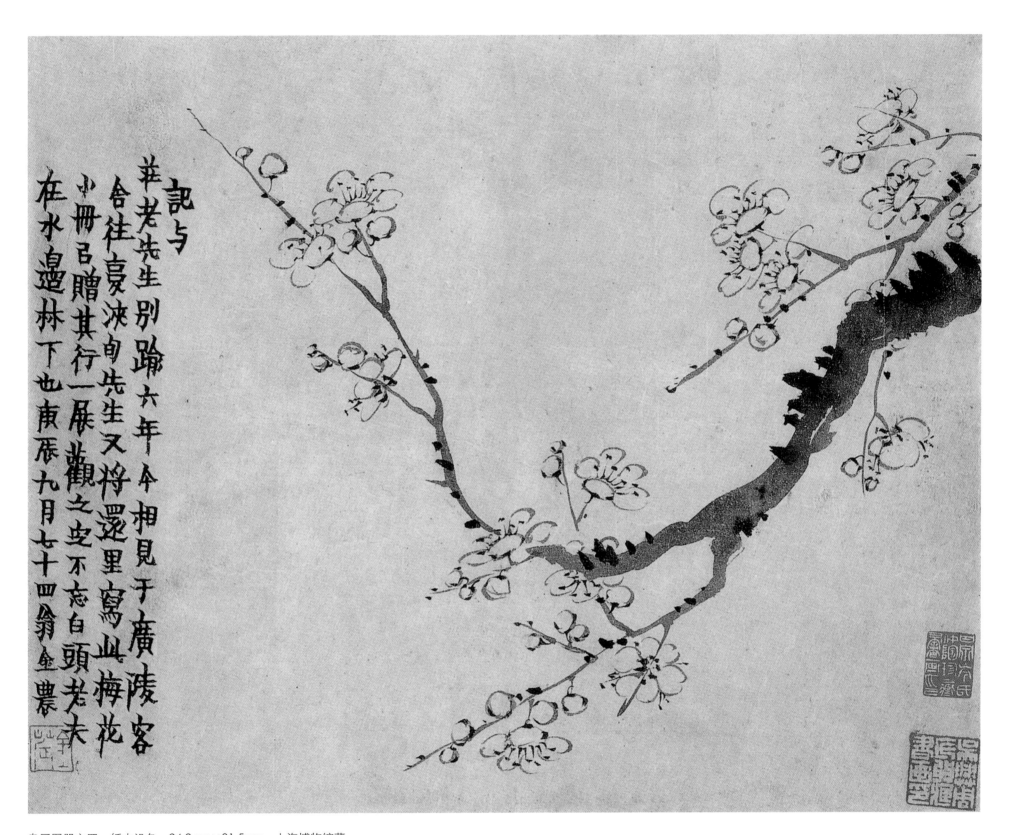

記与莘老先生別踰六年辛卯見于廣陵客舍往復句先生又将還里寫此梅花一屐並觀之安不忘白頭老夫在水邊林下也庚辰九月七十四翁金農

杂画图册之四　纸本设色　24.2cm×31.5cm　上海博物馆藏

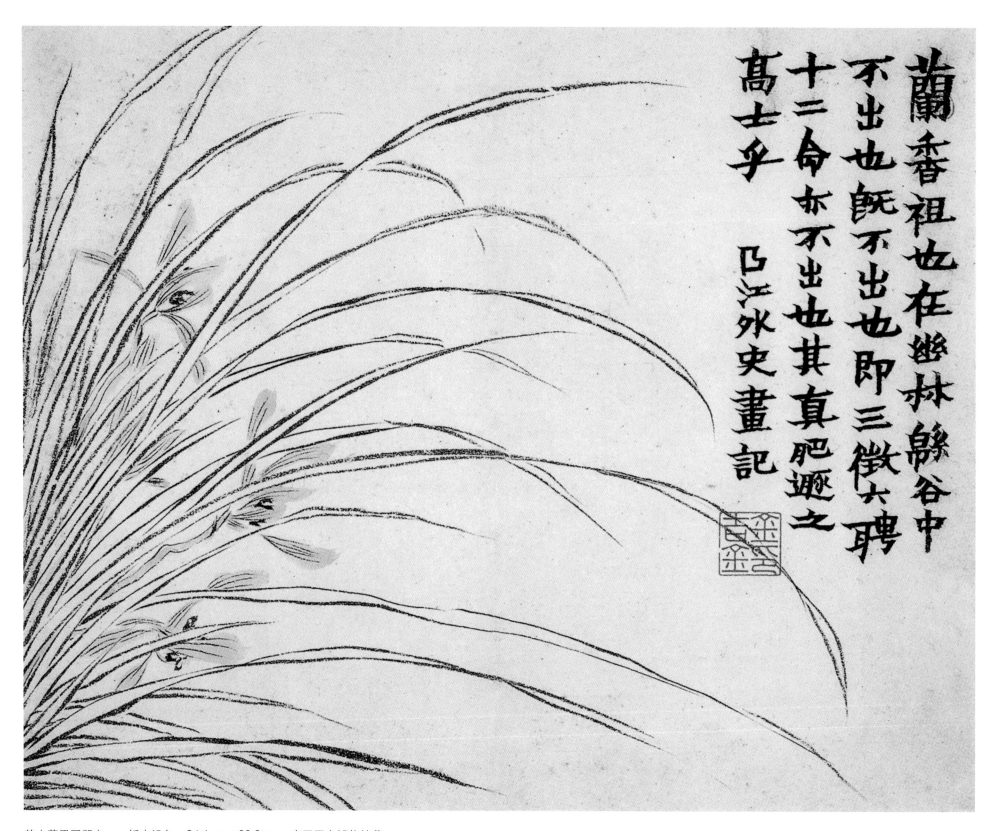

蘭香祖也在幽林谿谷中不出也既不出也即三徵六聘十二命亦不出也其真肥遯之高士乎

凸江外史畫記

花卉蔬果图册之一　纸本设色　24.6cm×30.9cm　中国国家博物馆藏

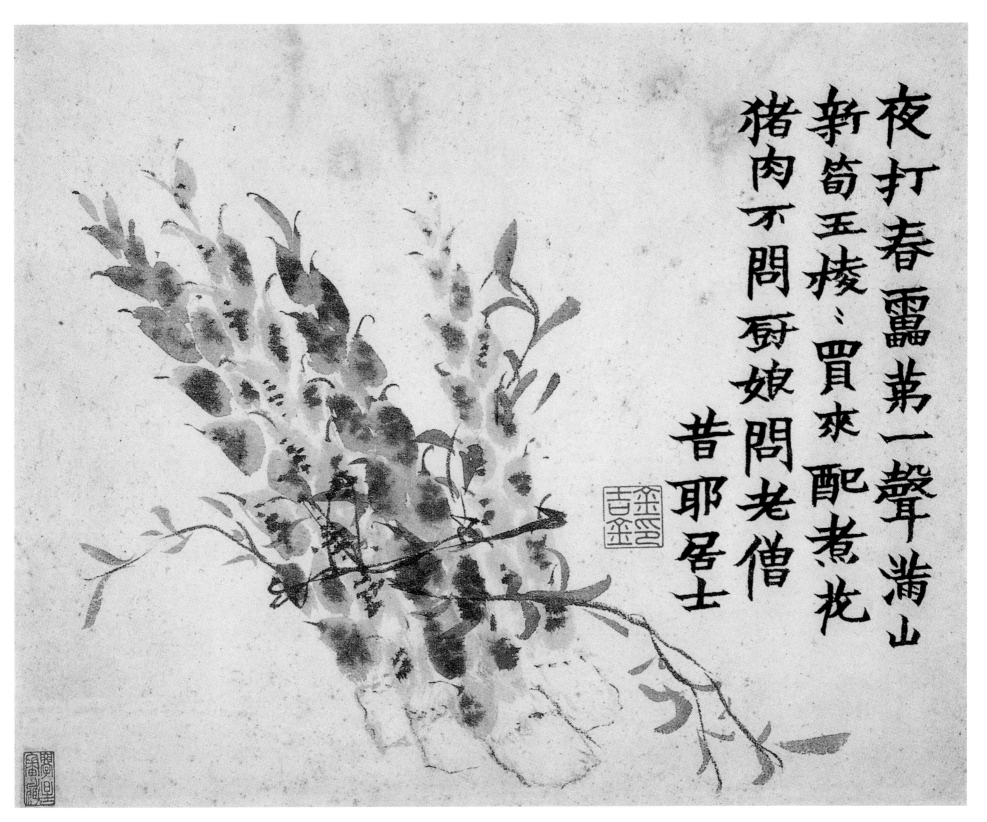

夜打春雷第一聲湔山
新筍玉棱、買來配煮花
猪肉不問厨娘問老僧
昔耶居士

花卉蔬果图册之二　纸本设色　24.6cm×30.9cm　中国国家博物馆藏

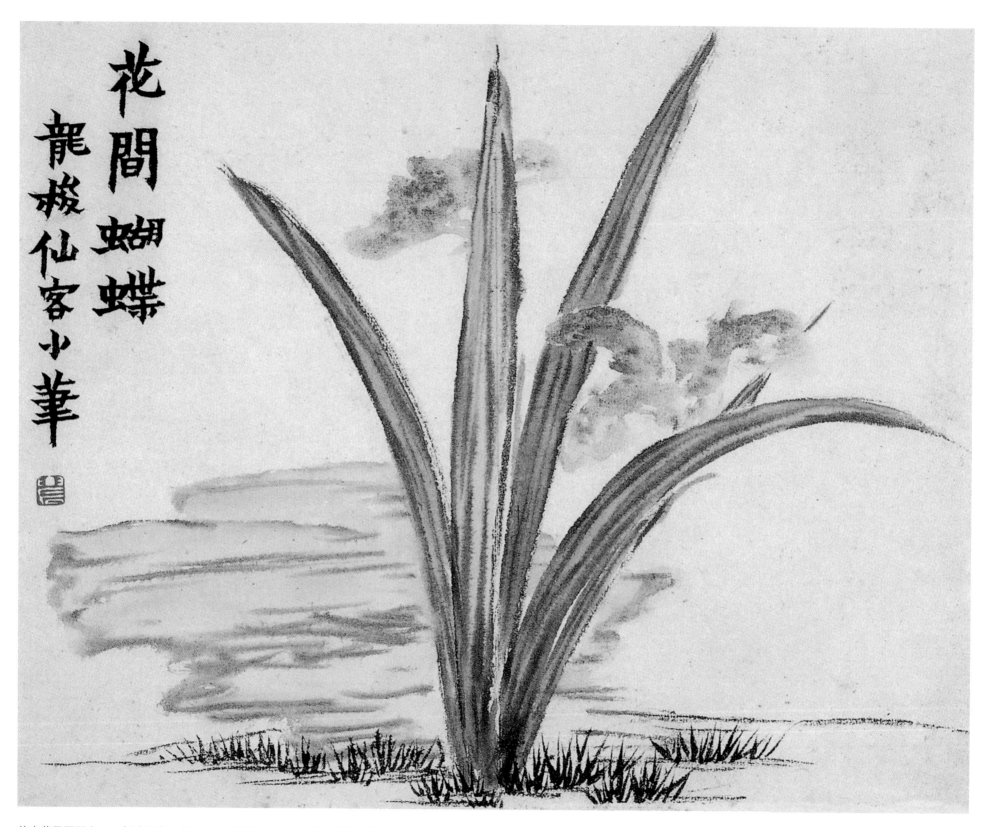

花間蝴蝶
龍披仙客小華

花卉蔬果图册之三　纸本设色　24.6cm×30.9cm　中国国家博物馆藏

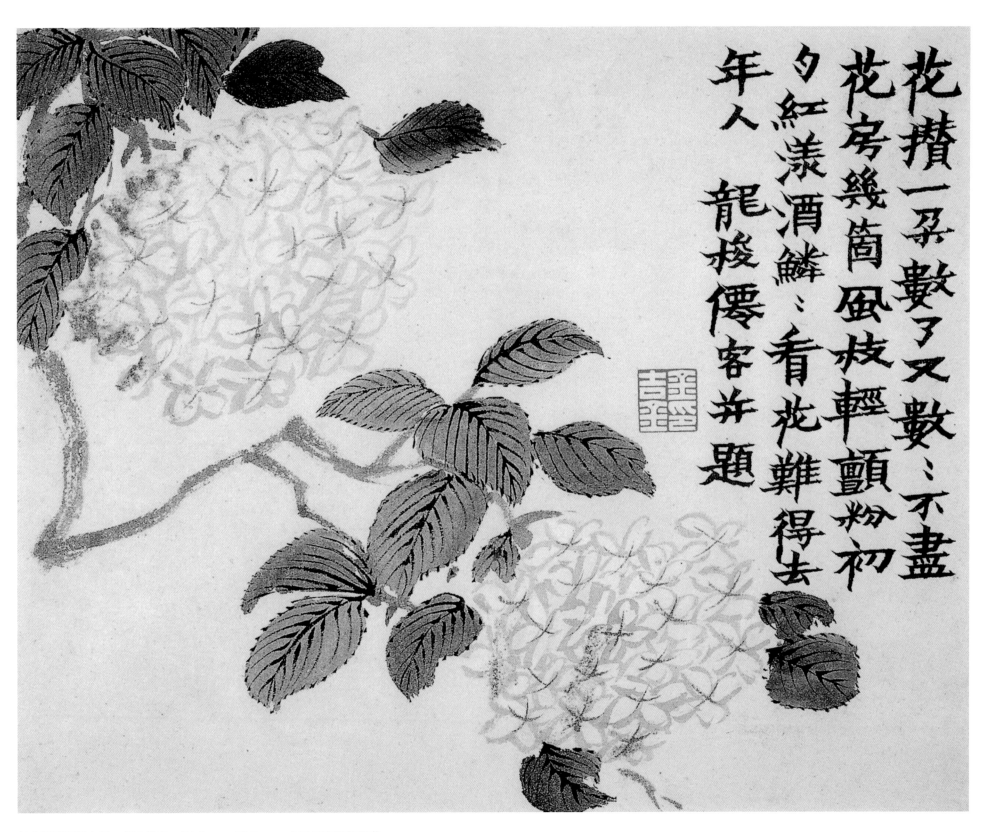

花攢一朵數了又數、不盡
花房幾箇風枝輕顫粉初
夕紅漾酒鱗、看花難得去
年人 龍梭傔客並題

花卉蔬果图册之四　纸本设色　24.6cm×30.9cm　中国国家博物馆藏

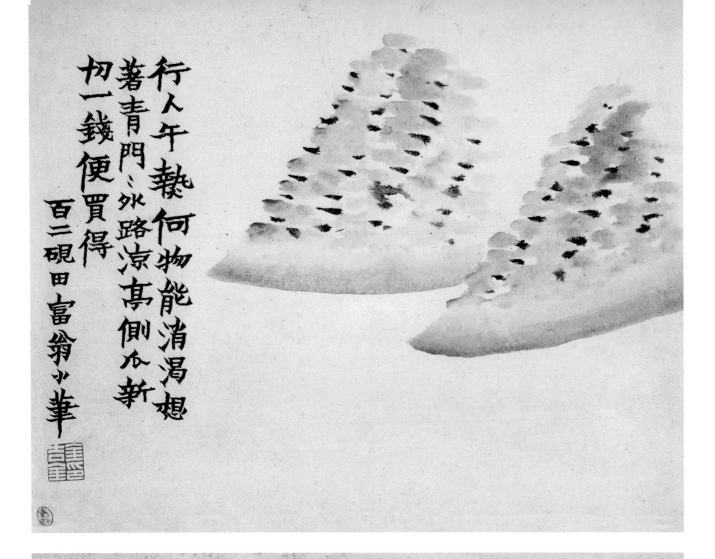

行人午藝何物能消渴想
著青門、外路凉高側瓜新
切一錢便買得
百二硯田富翁小筆

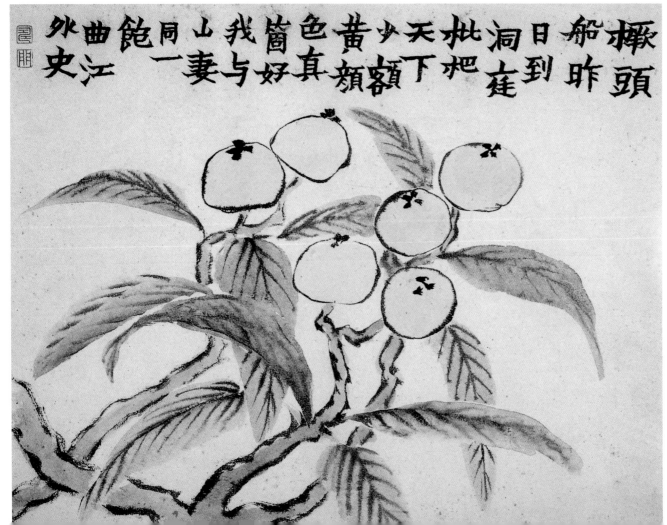

枇杷頭船昨日洞庭到庭
天下少黃顏額色好真好
同妻山我皆與窗飽一
曲江外史

花卉蔬果图册之五、之六
纸本设色
24.6cm×30.9cm×2
中国国家博物馆藏

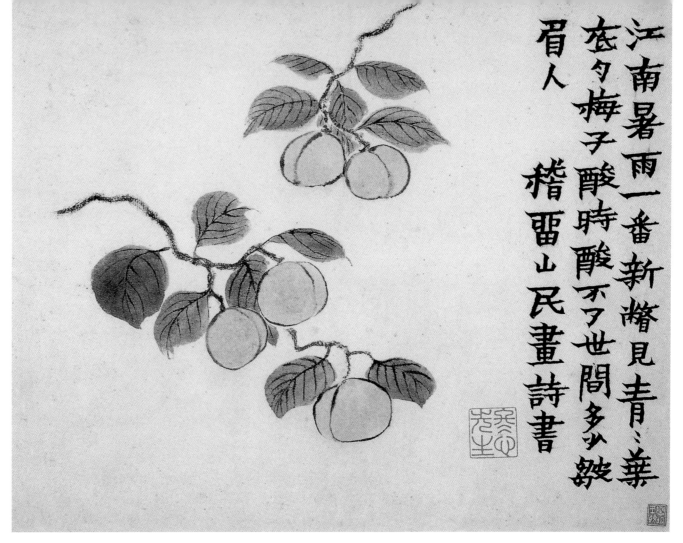

江南暑雨一番新醅見青青葉
在夕梅子酸時酸不了世間多少鞍
眉人　　　稽雷山民畫詩書

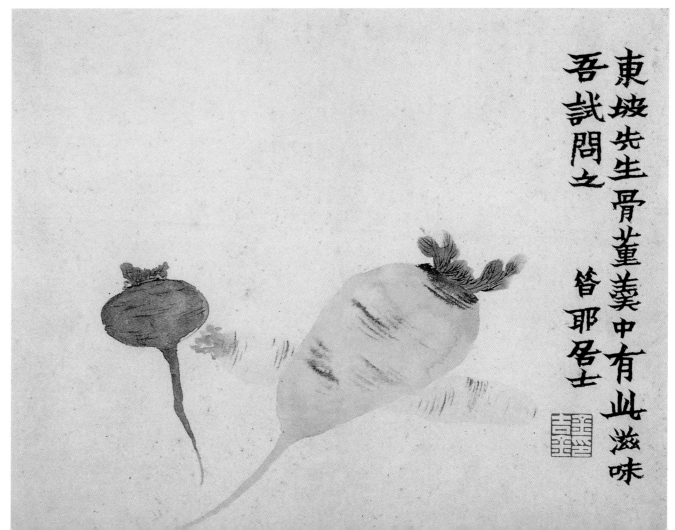

東坡先生骨董羹中有此滋味
吾試問之　　　箇耶居士

花卉蔬果图册之七、之八
纸本设色
24.6cm×30.9cm×2
中国国家博物馆藏

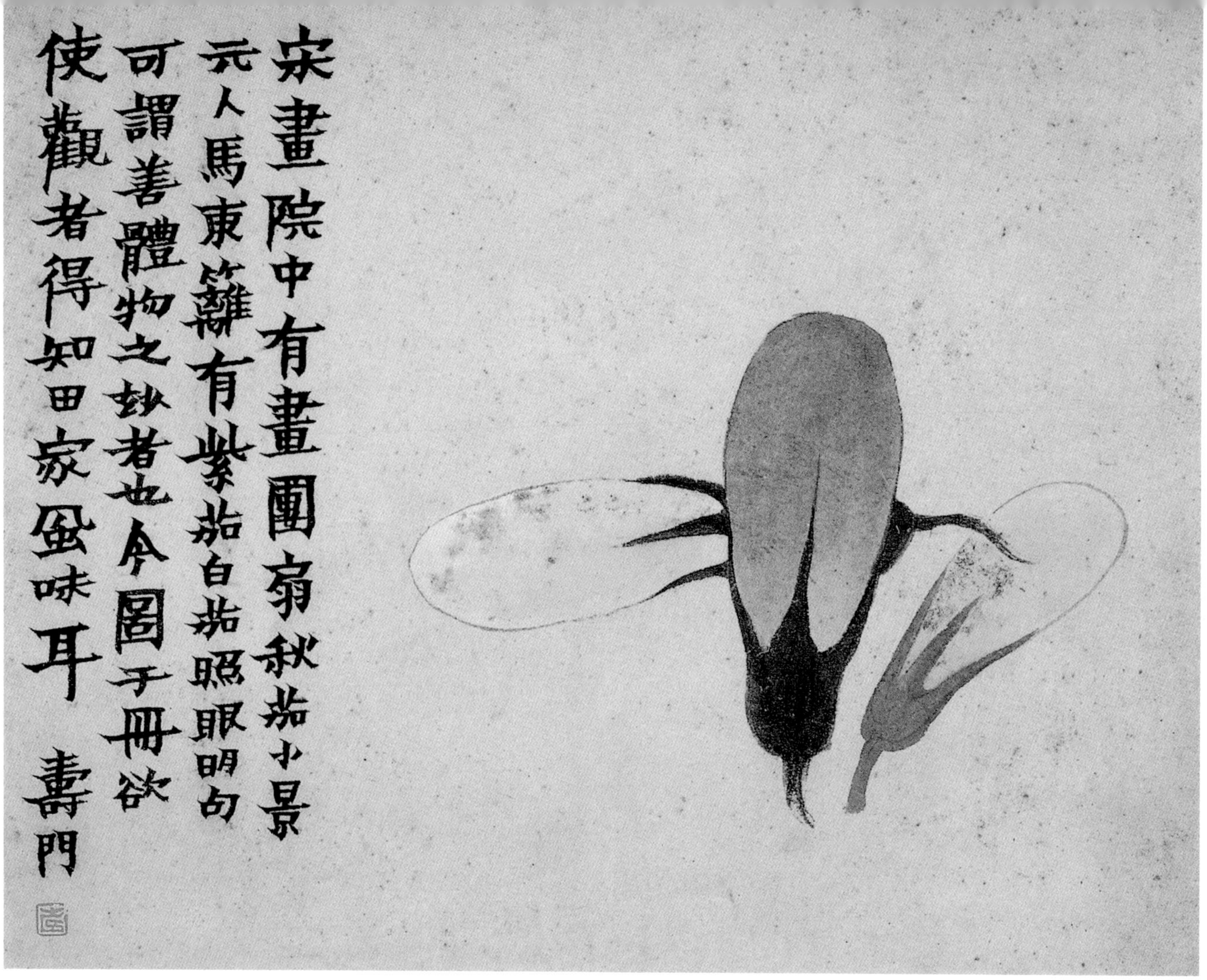
宋畫院中有畫團扇秋茄小景
元人馬東籬有紫茄白茄照眼明句
可謂善體物之妙者也今圖于册欲
使觀者得知田家風味耳
壽門

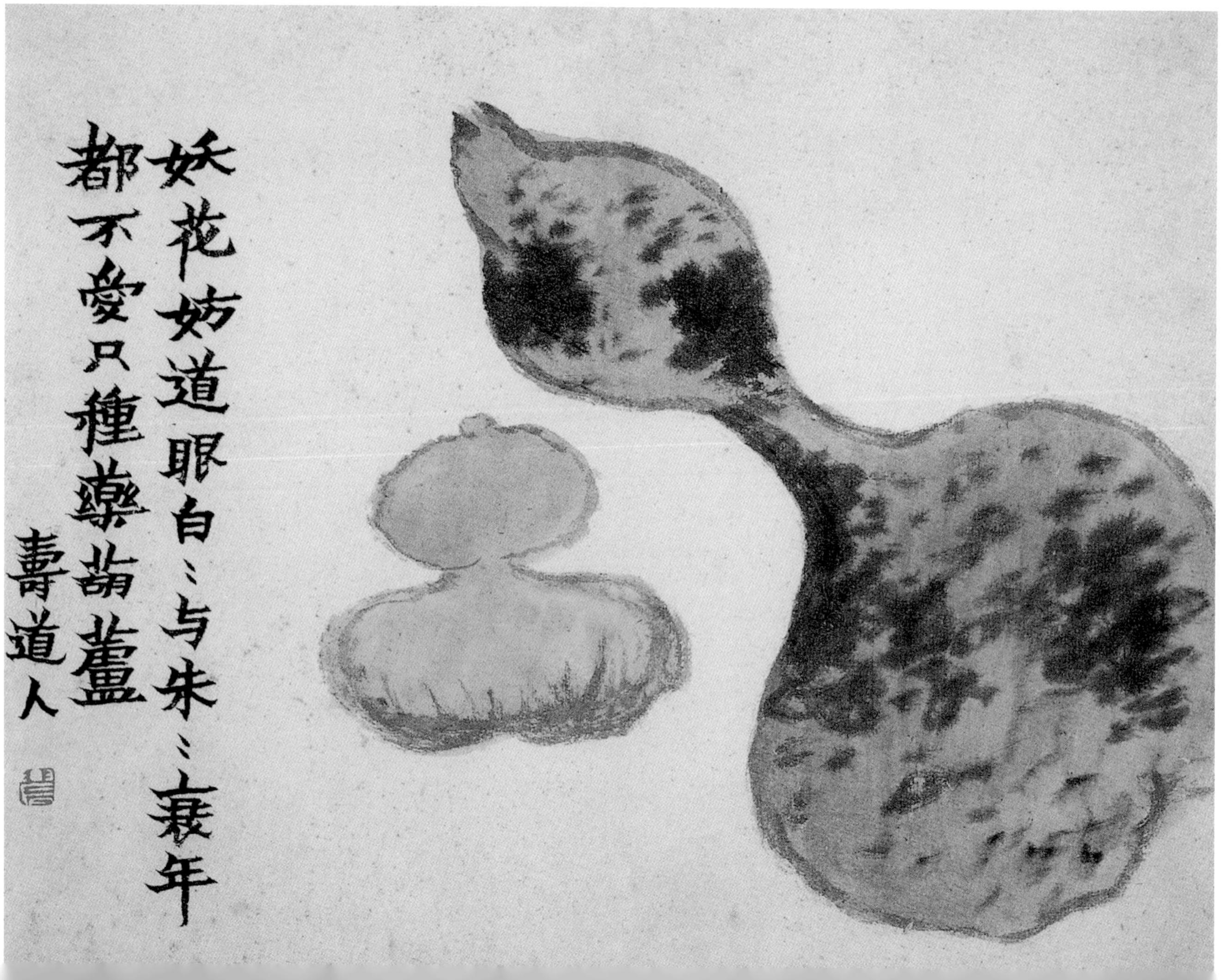
妖花妨道眼白〻与朱〻衰年
都不愛只種藥葫蘆
壽道人

花卉蔬果图册之九、之十
纸本设色
24.6cm×30.9cm×2
中国国家博物馆藏

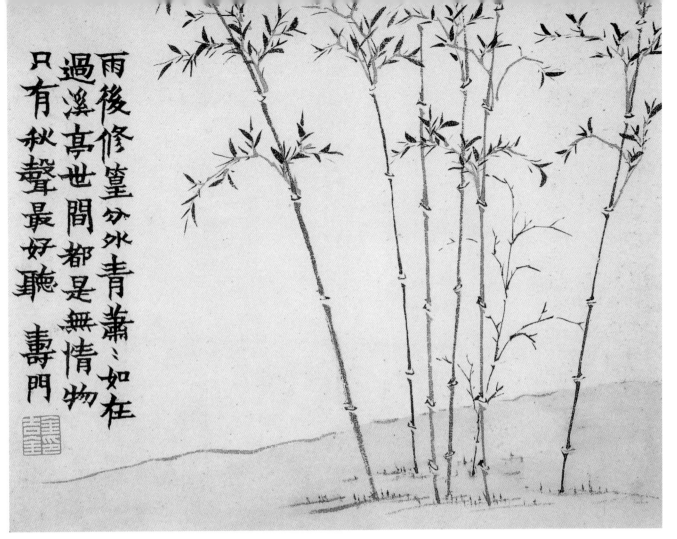

雨後修篁分外青蕭蕭如在
過溪高世間都是無情物
只有秋聲最好聽 壽門

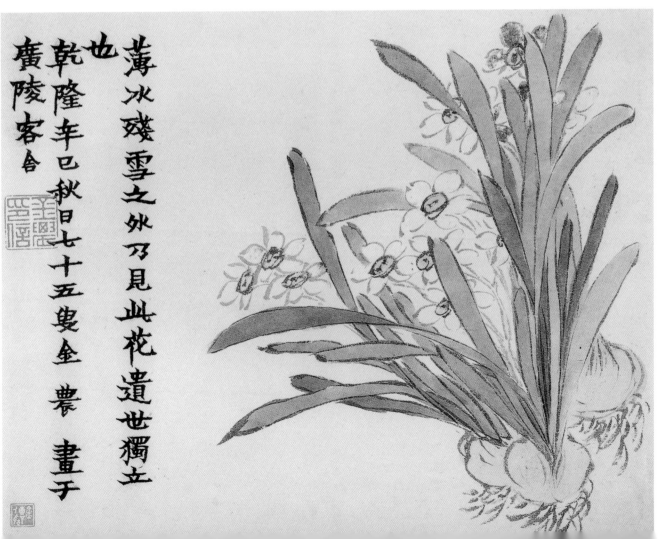

薄冰殘雪之外乃見此花遺世獨立
也
乾隆辛巳秋日七十五叟金農 畫于
廣陵客舍

花卉蔬果图册之十一、之十二
纸本设色
24.6cm×30.9cm×2
中国国家博物馆藏

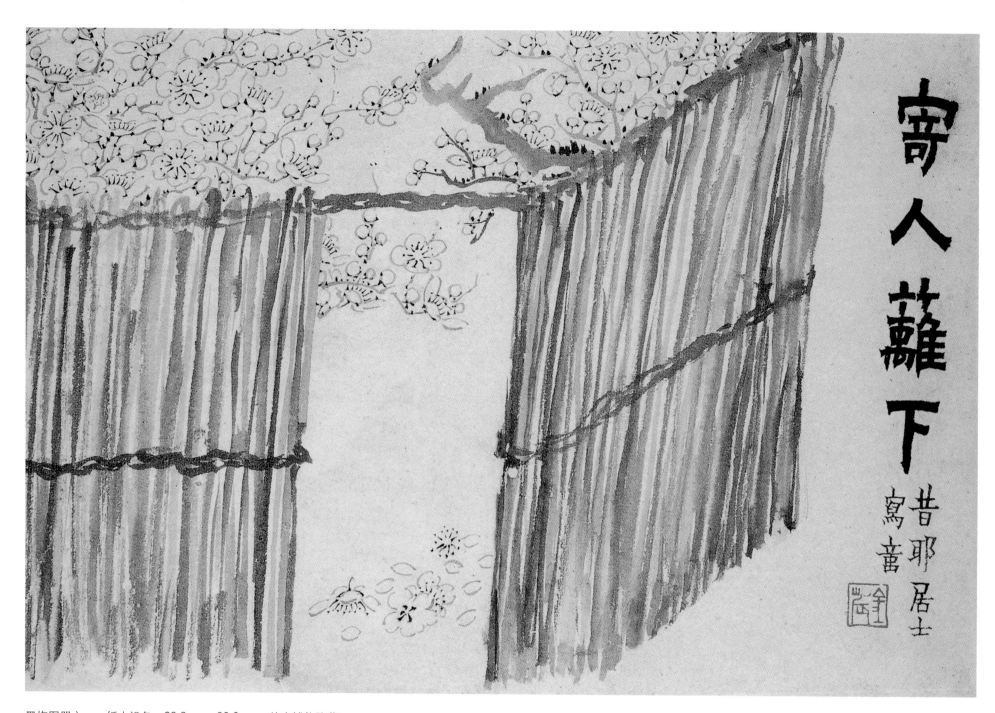

寄人籬下　昔耶居士寫畫

墨梅图册之一　纸本设色　23.2cm×33.3cm　故宫博物院藏

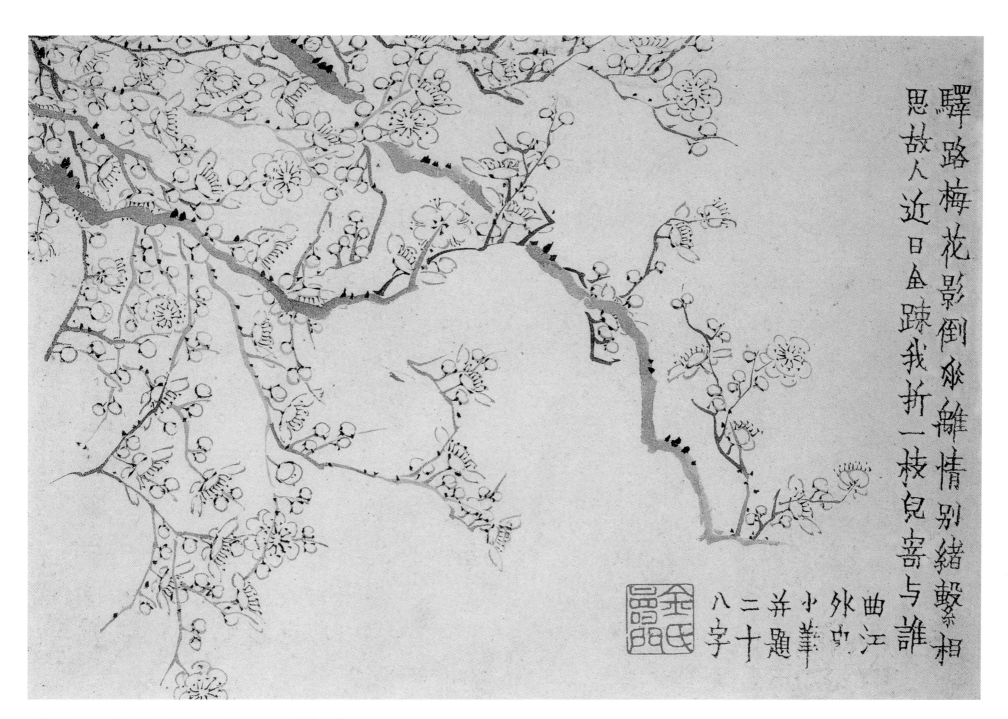

驛路梅花影倒垂雛情別緒繫繫相
思故人近日金蹀我折一枝見寄與誰

曲江
外史
小華
并題
二十
八字

墨梅图册之二　纸本设色　23.2cm×33.3cm　故宫博物院藏

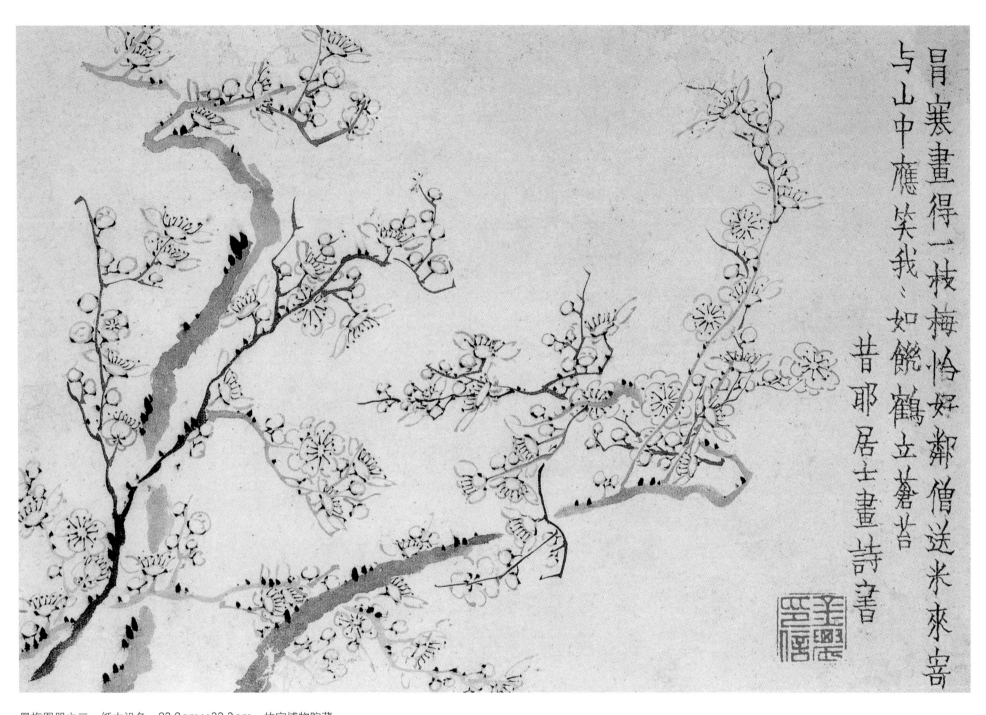

冒寒畫得一枝梅恰好鄰僧送米來寄
与山中應笑我、如饒鶴立薔苦
昔耶居士畫詩書

墨梅图册之三　纸本设色　23.2cm×33.3cm　故宫博物院藏

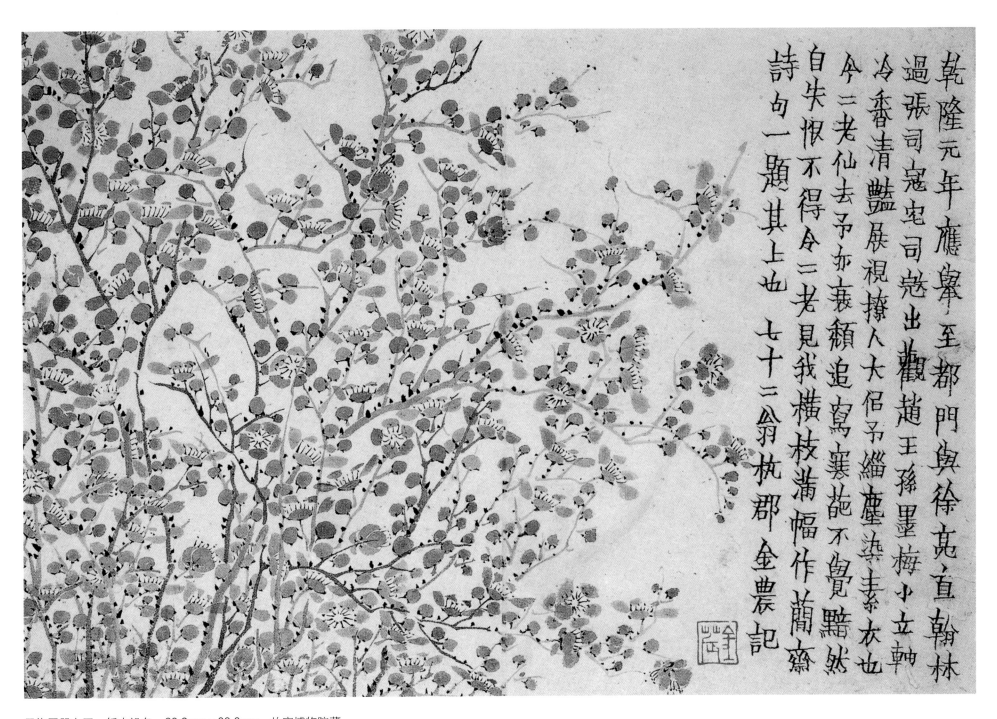

乾隆元年應舉至都門與徐亮直翰林
過張司寇寇司寇出觀趙王孫墨梅小立軸
冷香清豔展視撩人大侶予緇塵染素衣也
今二老仙去予亦喪顏追寫襄茈不覺黯然
自失恨不得令二老見我橫枝蕭幅作蘭齋
詩句一題其上也 七十二翁杭郡金農記

墨梅图册之四　纸本设色　23.2cm×33.3cm　故宫博物院藏

虚 谷

虚谷（1823—1896），清代画家。僧，安徽新安（今歙县）人。俗姓朱，名怀仁，别号倦鹤、紫阳山民，出家后名虚白，字虚谷。太平军兴起时，曾任清军参将，后"意有感触，遂披缁入山，不礼佛号，惟以书画自娱"。他诗、书、画造诣俱深，善画花卉、蔬果、禽鱼、山水、人物，喜用断续顿挫的线条、简练夸张的造型塑造活泼清新的花鸟和动物形象。传世作品有《梅花金鱼图》轴、《松菊图》轴、《杂画》册等。

冷隽清迈　破去来今

——简论虚谷的艺术风貌

杨瑾楠

虚谷，僧人，能诗，清代名画家，海上画派的重要成员，被誉为晚清画苑第一家。虚谷未出家时俗姓朱，名怀仁，僧名虚白，字虚谷，别号紫阳山民、倦鹤，室名觉非庵、古柏草堂、三十七峰草堂。原籍新安（今安徽歙县），世居江都。朱氏早年入湘军，曾任参将，前人述其于太平天国起义时意有感触，三十而立之时遂披缁入山。虚谷斋室中常题的"觉非庵""一粟庵"等，便与虚谷的人生经历息息相关。但虚谷之为僧不改其性情之磊落放达，不受禅缚，倾心绘事远胜于礼佛。他不事佛、不茹素，不卓锡僧寺，更往来于扬州、苏州、杭州、上海之间，既以书画自娱，亦以鬻画为生。然求画者虽众，虚谷每每画倦则罢，生活清苦，逝后由其徒苏州狮林寺方丈迎归并葬于光福寺石壁山崖畔。

虚谷在晚清画坛中独树一帜，其画作的构思、布置、造型、笔墨、设色均有极高的辨识度，不仅形式感强，呈现冷峭清奇的风貌，而且极具内美，蕴含古拙隽永的意趣。而其独特性即便置诸古今画坛，也依然成立，颇堪后学研习。

凡作画，立意第一。虚谷作画，山水、花鸟、人物三科皆擅，虽以鬻画为生却极少草率之作，立意贵在不俗。

虚谷的山水画作品少而精，别开生面，绝不因袭清代正统派画风或前代某流派，而能直臻疏朗空明之境。若细论虚谷山水画，依稀或可见其参习沈周、金农、华嵒等人笔致的痕迹，更深得倪瓒以及石涛、弘仁、程邃等数位徽派大师的精辟简妙之处，但通篇看来却全是其自家言，且个人风格成熟，此乃其过人之处。虚谷又以赋色独占一格，清冷爽洁，彰显林泉高致。而在山水剪裁皴染间，每每能妙用点景小人，小人虽简略至极，但其位置所在、身姿所趋却能影响整幅画的布局走势，更能经营情势、升华画境。后学须瞩目一点，即是虚谷山水，特别是在空间、设色上的简明雅致，深受徽派版画影响。可见艺术的养分从前辈大师到自然的景致物什，再到旁的艺术门类，皆可、也皆须汲取，触类旁通。

而虚谷之作花鸟，也与别的花鸟画宗师不同。花鸟鱼禽作为虚谷存世作品的主要题材，其整体格调宗古拙冷隽，在题材的选择及处理上亦不尚黄家富贵。譬如虚谷钟爱蔬果虫鱼，每每以西瓜柿子、枇杷百合、雪藕莲蓬、苹果葡萄、白菜萝卜、黄瓜佛手、南瓜茄子、时鱼小葱或加嫩笋等，配成爽洁的湖山风味，制成册页集子，情趣盎然。这类册页虽在题材上不算首创，但在画面处理上却是自成一格的。

而在虚谷的花鸟画中，松鼠、金鱼、猫、鹤、梅花也是创作的重点。虚谷常以竹叶或葡萄配松鼠，其皴擦带染的干笔画法尤能突出松鼠毛皮之蓬松，造型稚拙又不失灵巧，松鼠腾挪跳跃、回环照应，在构图中有着巧妙的布势之用。而其金鱼凸显大眼睛，方整硕短，拙态可掬，与藻荇相配时最能利用金鱼的大小、浓淡来暗示水波的鼓荡空明以及鱼群的运动感，其竹叶游鱼亦法同此理，可见虚谷如何匠心独运。其画猫一例是大眼睛凝神圆瞪，意有所往，浑身便如箭在弦上，引人浮想联翩，全无娇媚之态，别致新鲜。而虚谷又号倦鹤，其作鹤多为单足伫立的缩颈倦鹤，松菊为辅，寓意蕴积昂扬风姿。除了仙鹤这种寓意佳好的动物，虚谷也作赤练蛇、龟等世俗少见的动物，实亦乃古代典籍中的嘉瑞题材。虚谷爱梅，亦好作梅，以其高度个性化的书法用笔写成，且大多只圈五个圆瓣，便不再勾点花蕊，而有时更以金鱼、佛手、白菜、绶带之类配成整幅，立意新奇，既有祥瑞之兆又无市井习气。虚谷的独特立意与艺术个性也展现在其处理福瑞题材的这些手法中，须后学体念。

虚谷运笔侧锋逆锋相兼，笔势微战，线条自凝练高古，画面中注重干湿浓淡的对比，轻重缓急均沾，符合形式感的审美需求。虚谷又惜墨，无论淡墨枯笔抑或浓墨枯笔，其枯笔勾勒皴擦时均能呈现一派简括明润。

虚谷笔墨有着前贤的精辟简妙，亦需着重其间的金石味。虚谷作为海上画派的主要成员之一，其艺术创作的高峰是在沪上形成的。海派大师们的画境纵逸、清新，创作实受碑学影响良多，追求金石趣味，成为继扬州画派之后又一个影响深远的流派。洪再新先生曾论清代书法篆刻风尚之变标志着中国近代画风之变，为近代真正具有创造性的大家们找到了光明的出路。当正统派与个性派在清代中叶均处于停滞时，金石考据的影响孕育了道咸画学中兴，而中兴的成果惠及后代，使中国画在式微中呈现生机，海上画派便乃金石运动的丰硕成果。

虚谷画僧的身份、高超的才艺以及旷达的性情使他得以与诸多擅长诗、书、画的僧侣、书画家、文人学者交好，其中，不乏当时艺坛的重要人物，如任伯年、高邕之等。这些友人在虚谷的艺术生涯中也对他有所助益，使其艺术涵养来源丰富。

虚谷的书法与其绘画完美配合，加之题跋不落俗套，自有深意，深化其作品意境。譬如画着清华意境的竹叶游鱼，却题上"水面风波鱼不知"，再如"空山流水岂无人"之类的诗句，可见虚谷虽入山门，名曰弃世，实则不忘世。而正因虚谷能深切体及生活，才能包蕴真挚的情怀于作品中，打动世人。

与海派多数画家赋彩的煦热温暖大相迥异，虚谷作画设色别具一格，尚清迈爽洁。为配衬其整幅作品立意，虚谷一向以冷色调为宗，喜用石青、花青、蛤白，须用暖色调时亦选持中的或偏冷之色，并着力使画面依旧配成淡雅冷隽的氛围，自显虚谷画作的清迈高蹈、格调高华，如闲云野鹤，是中国画史中个性非常鲜明的一位大师。

虚谷的个案非常有趣。单论其技艺，不仅擅长变形手法，实际上亦身负极高的写实能力，这一点与任颐是一样的。从其存世作品，如《衡公和尚像》，可见虚谷写像有波臣派遗风，此外亦工界画。然则虚谷却能从写实中跳脱，选择了带有抽象意味的变形法则，其变形又不同于前代任何一位画家。虚谷的变形是颇具抽象性的，同时不流于程式化，极具天趣。绘制金鱼、松鼠、猫等物象时均能将夸张和变形手法运用得当，自开新境。吴昌硕曾称赞虚谷："十指参成香色味，一拳打破去来今。"一语中的。

虚谷的超人之处在于立意高华，且能突破传统，将变形这一手法运用得极富启示意趣，也在于能够高度把握形式变化这一重要的造型法则，因为形式感的拿捏处理亦是画面成功与否的重要因素。虚谷的每一帧作品都充满平面分割的美感及形式上的对比关系，比如黑白、疏密、长短、软硬、急滞、干湿等，能对比亦能均衡，恰如其分的均衡之法便是虚谷的高明之处。吴冠中认为虚谷的作品着重画面的整体组合，能重貌而不谨毛，而分析虚谷的画眼乃其对物象的观察手法，是剖析形式美的法则。

以上所述对今日的研习者而言尤有普遍性的意义。画之立意，须凭本人修习，论各自见地之高低，非谓可从前人画面中轻易拾得。至于画面构成、造型法则、形式的对比与均衡则更能直观地惠及后人，恰如杜甫律诗之音律比李白之才情，更易授予旁人。虽如此，若欲修得一定的技艺从来非易事，无论天分多高皆须努力，而如虚谷之类的先辈大师正能启示后辈。除去虚谷在画面处理上的手法，成就他本人清虚明净、冷隽朴厚的艺术风貌的元素，更有许多，本文已简述，此不一一，均值得后学者瞩目。

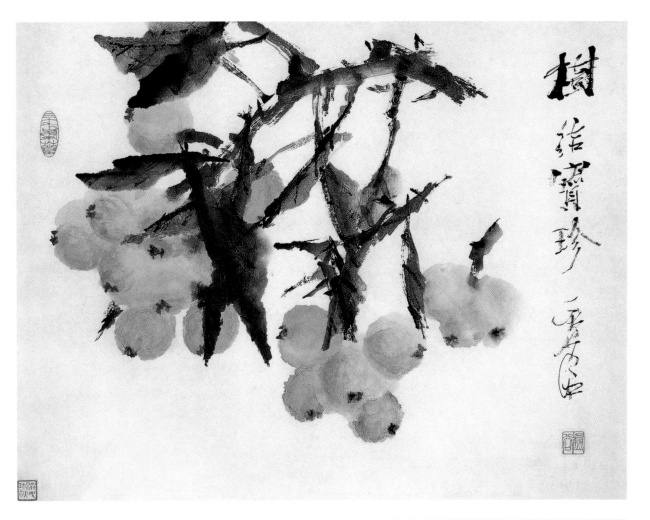

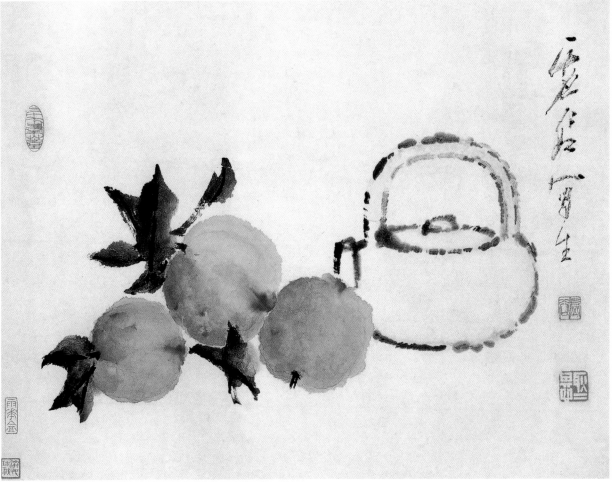

杂画册之一、之二
纸本设色
34.4cm×45.4cm×2
上海博物馆藏

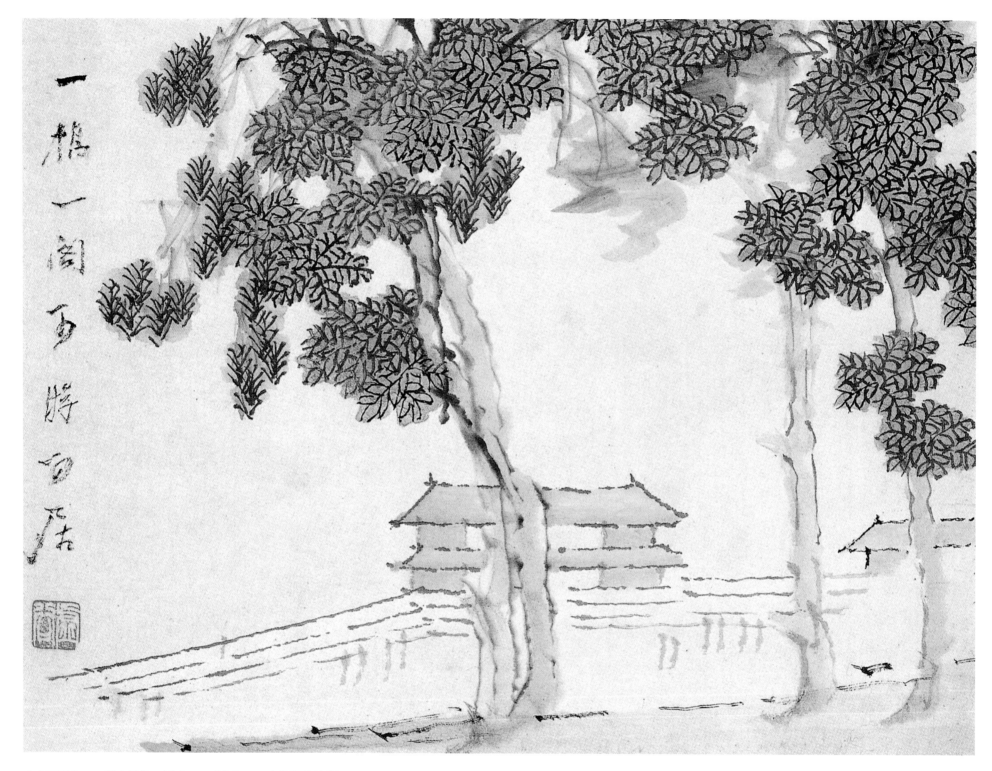

山水图册之一　纸本设色　18.9cm×25.4cm　上海博物馆藏

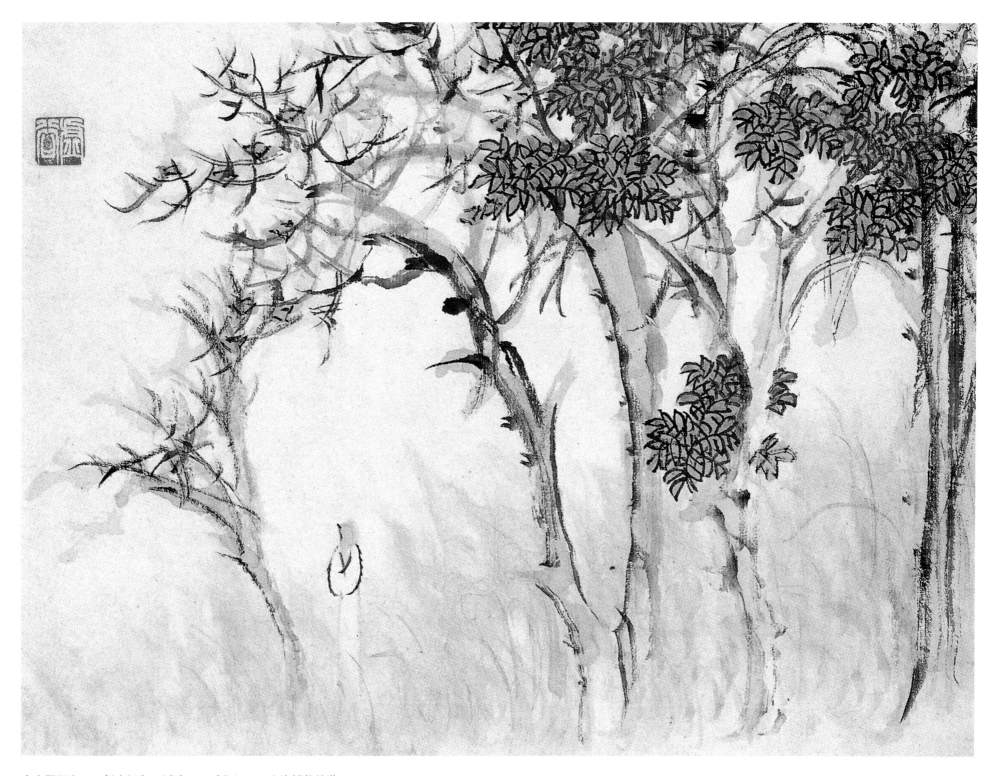

山水图册之二　纸本设色　18.9cm×25.4cm　上海博物馆藏

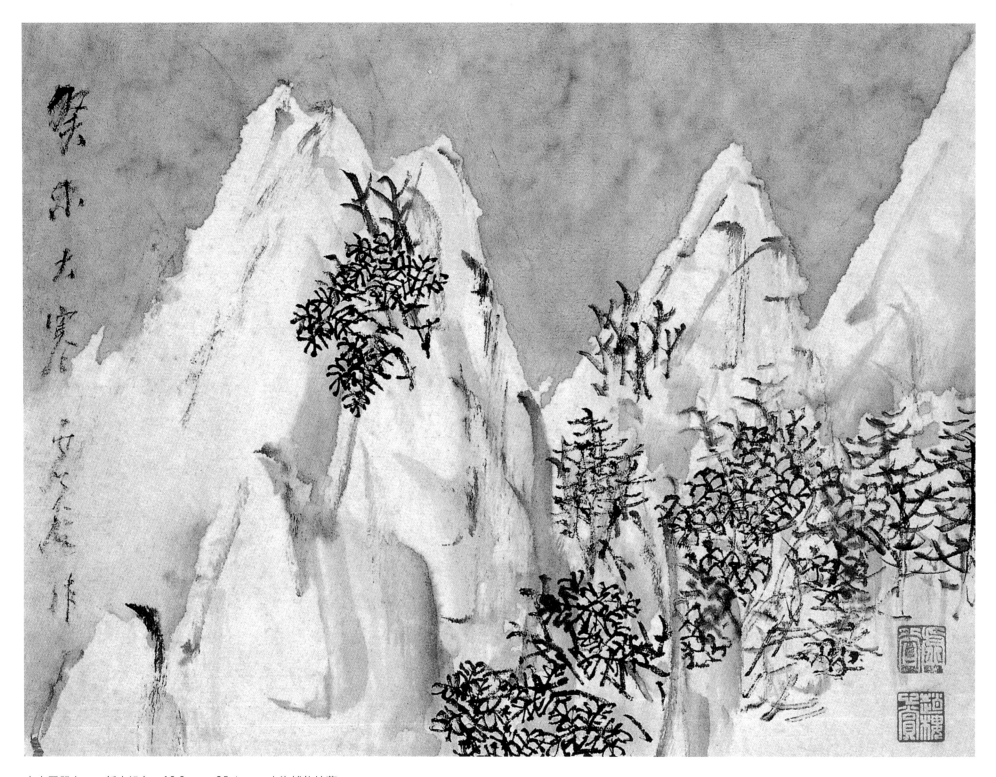

山水图册之三　纸本设色　18.9cm×25.4cm　上海博物馆藏

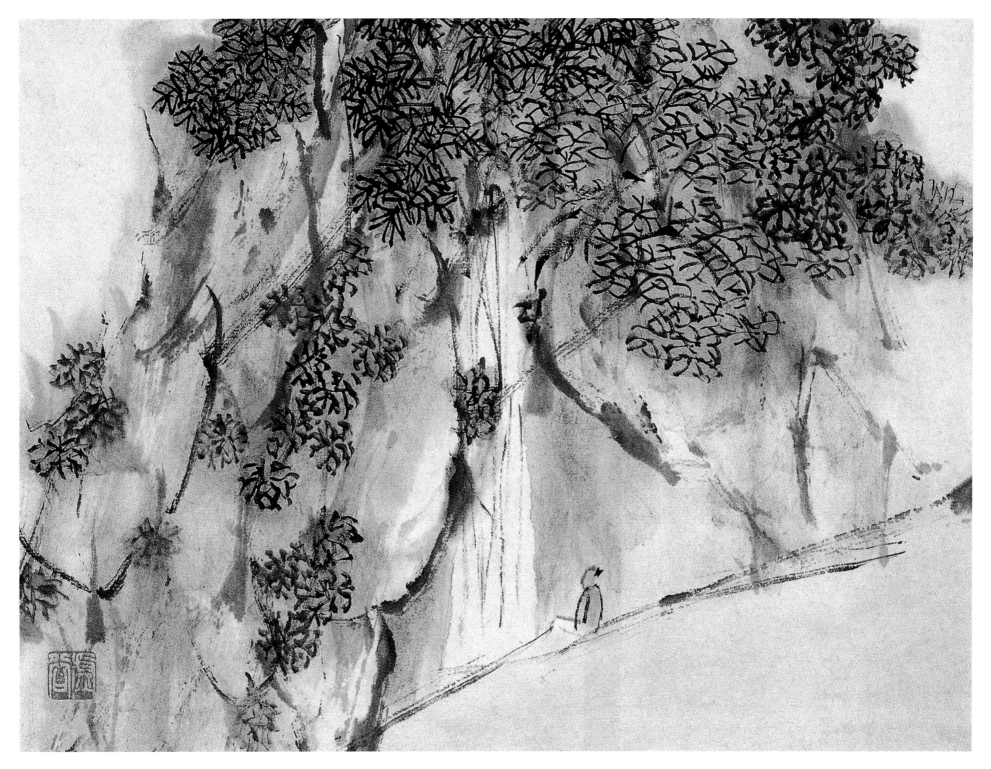

山水图册之四　纸本设色　18.9cm×25.4cm　上海博物馆藏

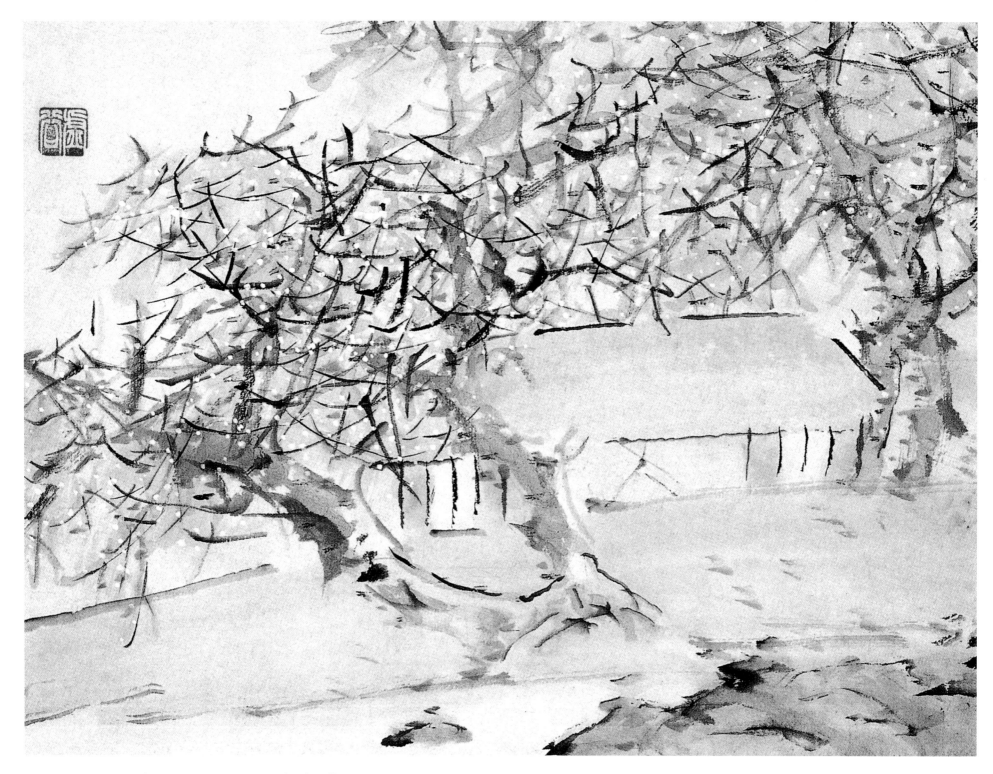

山水图册之五　纸本设色　18.9cm×25.4cm　上海博物馆藏

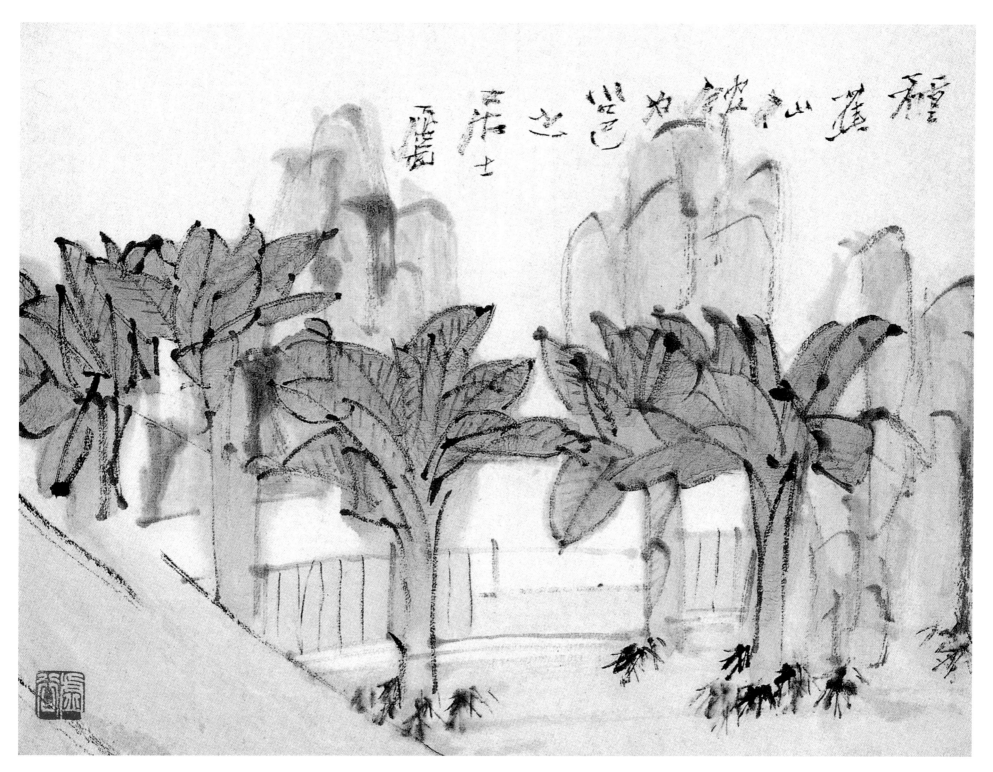

山水图册之六　纸本设色　18.9cm×25.4cm　上海博物馆藏

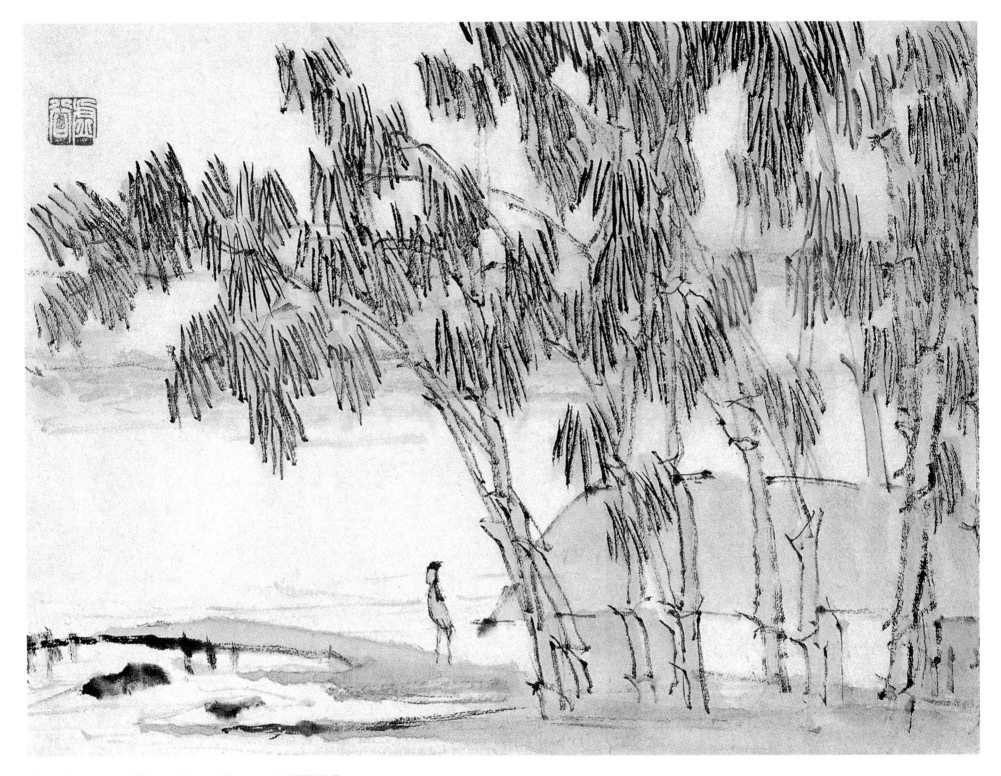

山水图册之七　纸本设色　18.9cm×25.4cm　上海博物馆藏

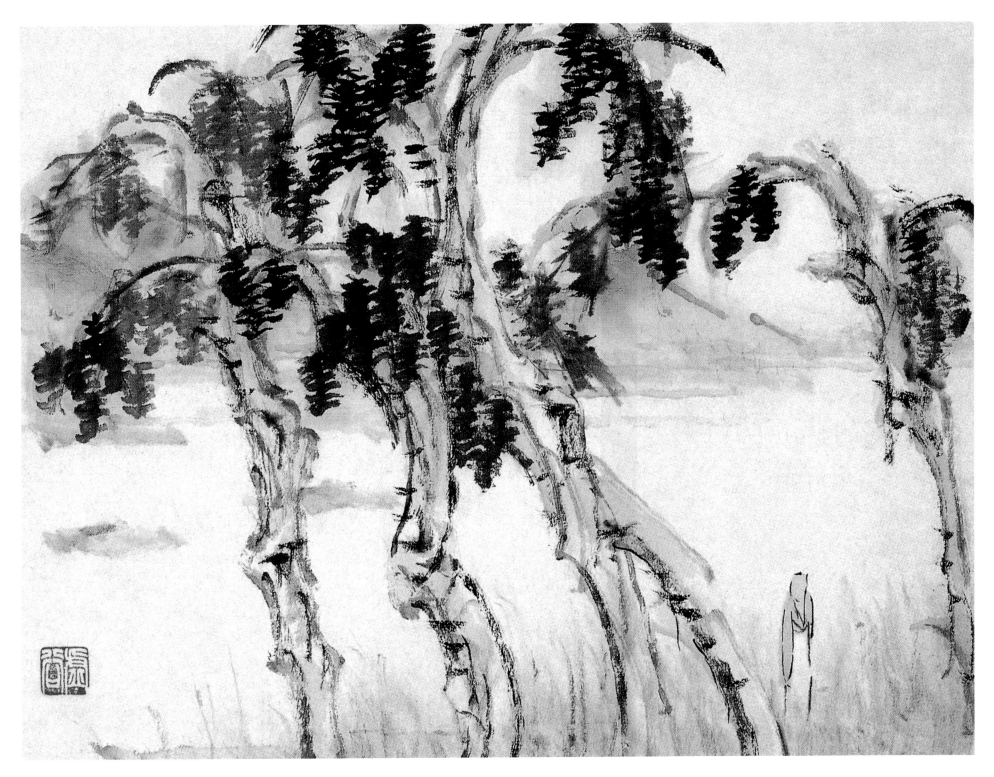

山水图册之八　纸本设色　18.9cm×25.4cm　上海博物馆藏

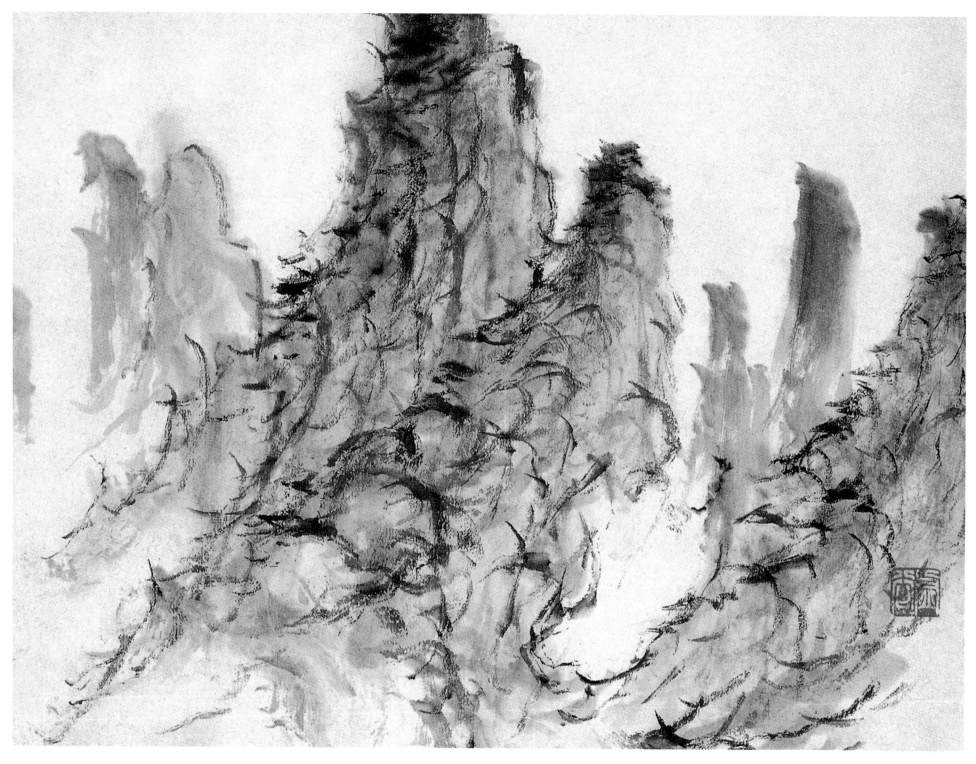

山水图册之九　纸本设色　18.9cm×25.4cm　上海博物馆藏

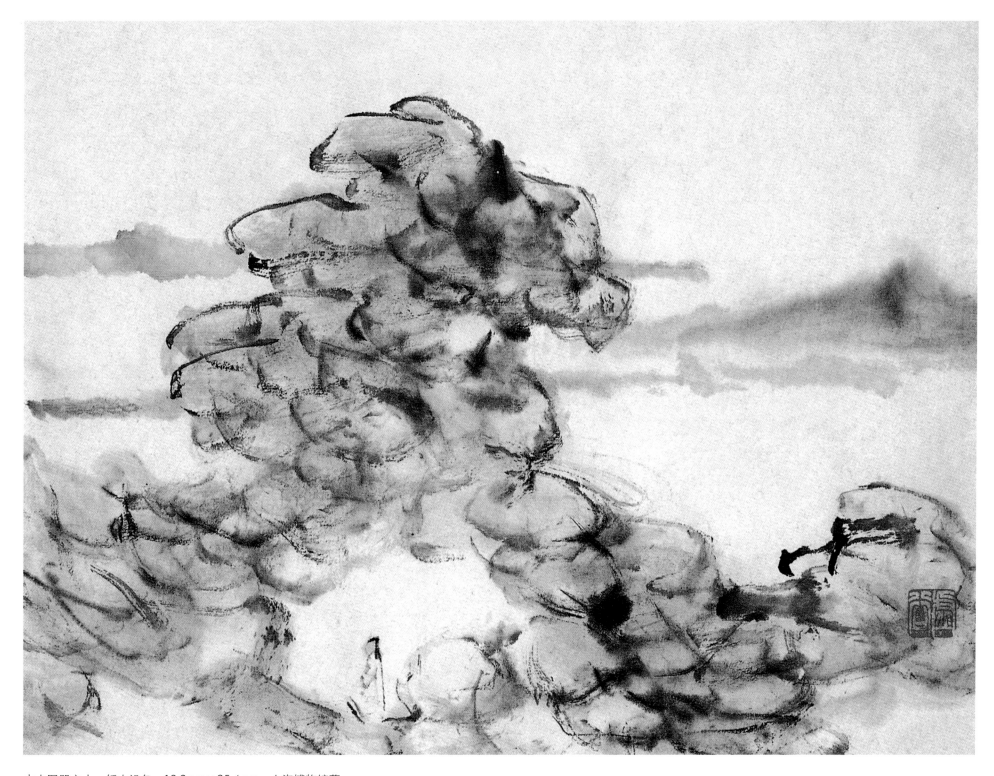

山水图册之十　纸本设色　18.9cm×25.4cm　上海博物馆藏

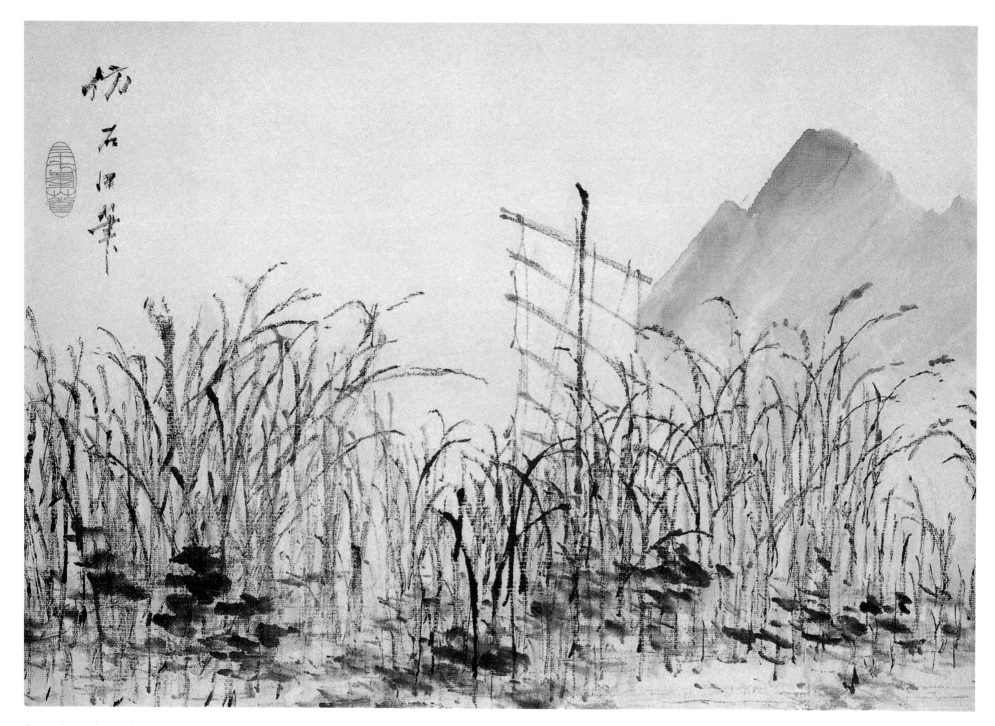

杂画册之一　纸本设色　30.6cm×43.1cm　上海博物馆藏

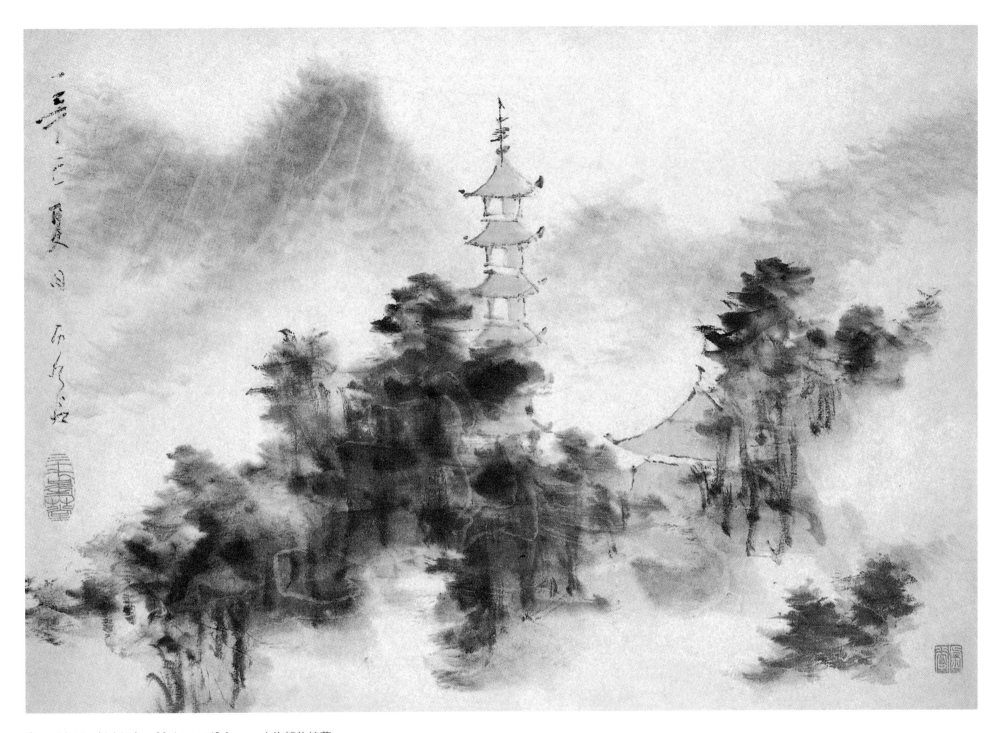

杂画册之二 纸本设色 30.6cm×43.1cm 上海博物馆藏

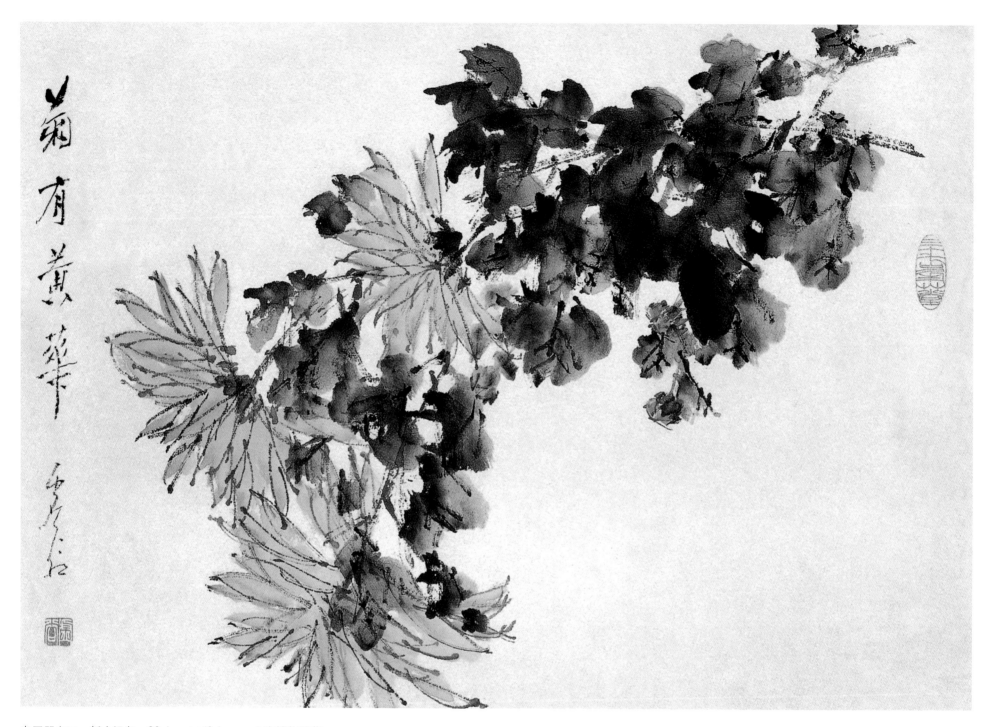

菊有黄華

杂画册之三　纸本设色　30.6cm×43.1cm　上海博物馆藏

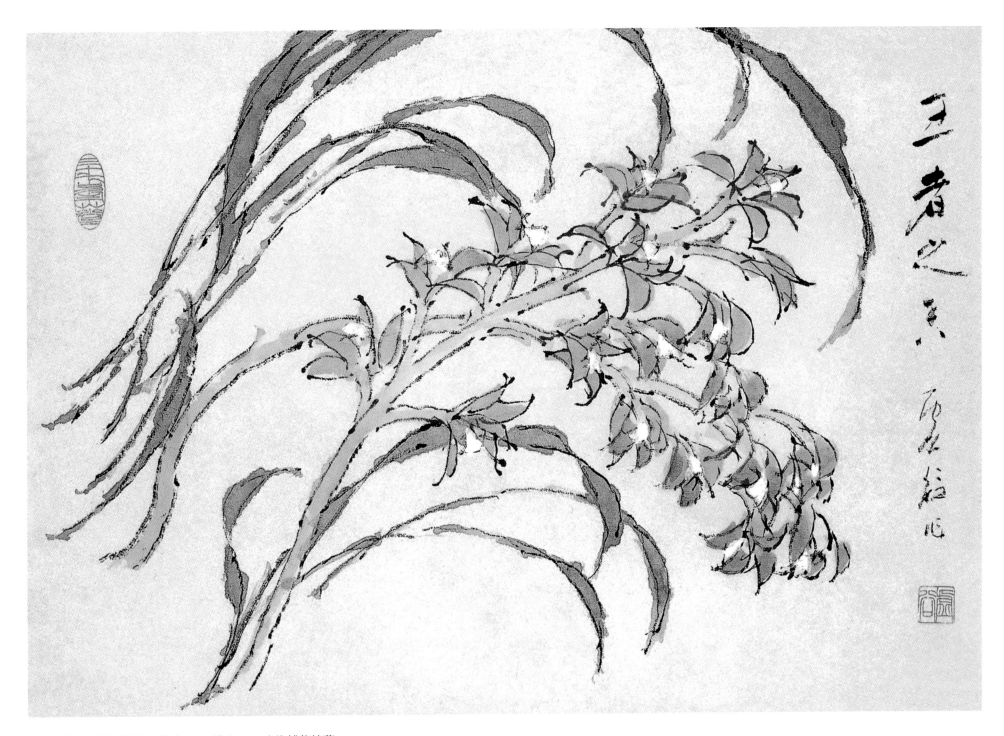

杂画册之四　纸本设色　30.6cm×43.1cm　上海博物馆藏

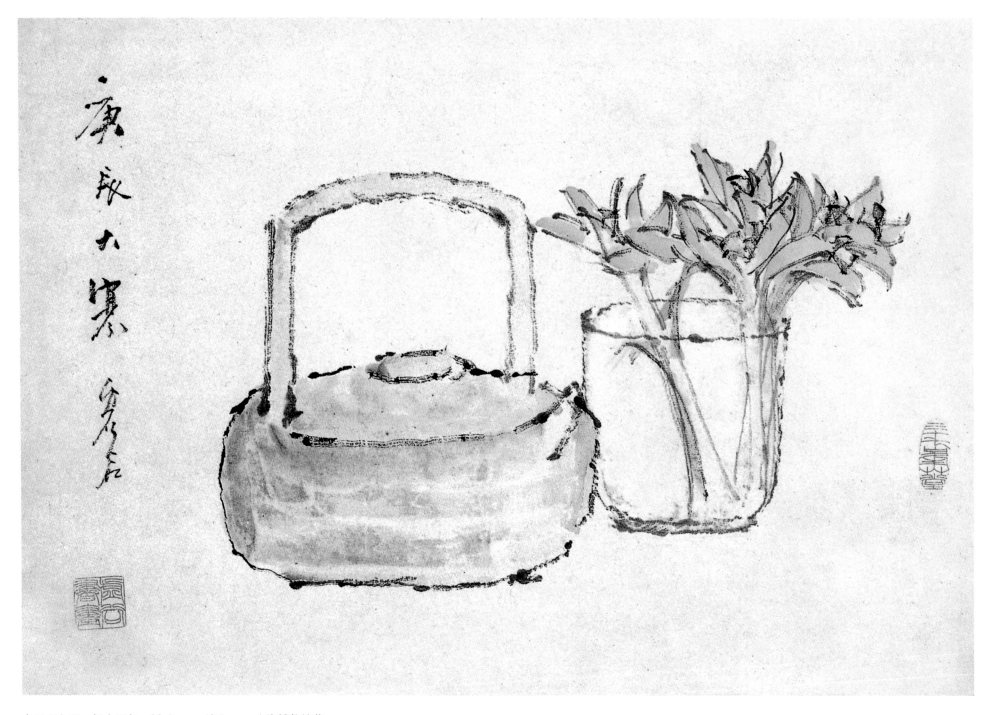

杂画册之五　纸本设色　30.6cm×43.1cm　上海博物馆藏

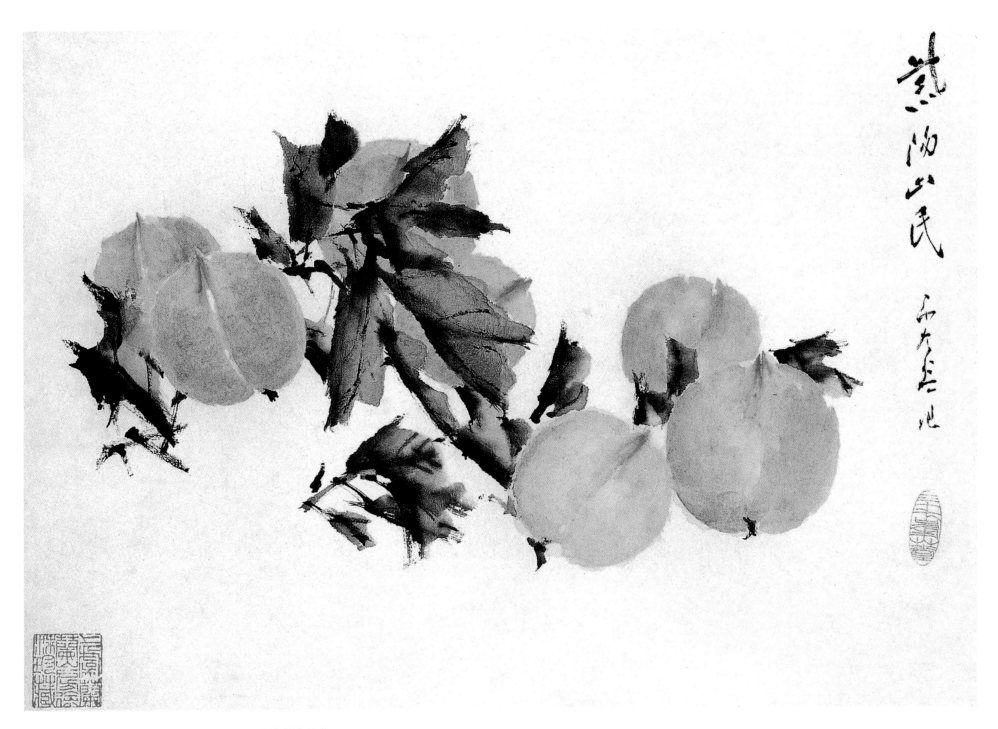

杂画册之六　纸本设色　30.6cm×43.1cm　上海博物馆藏

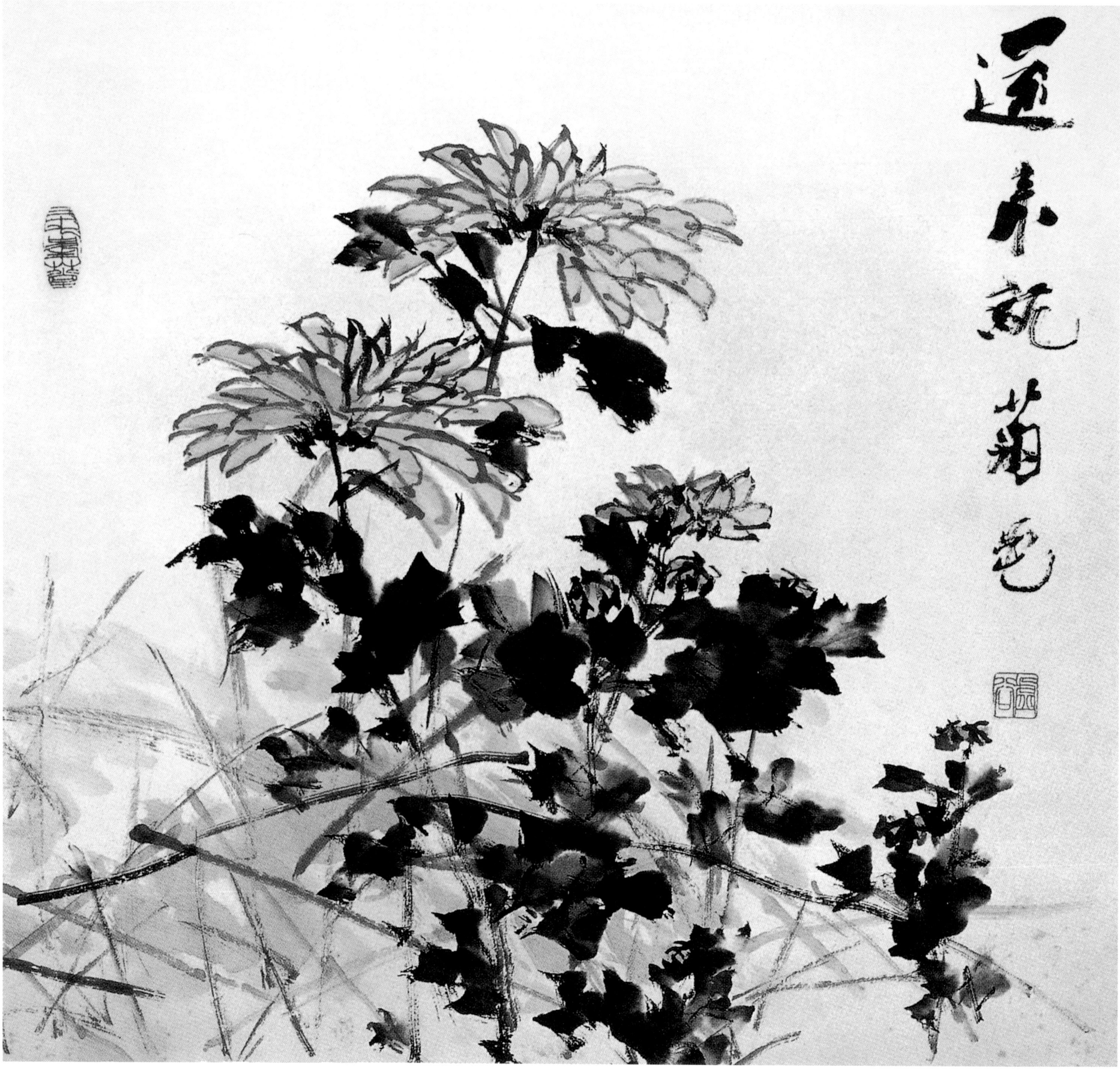

花卉蔬果图册之一　纸本设色　39.5cm×41cm　故宫博物院藏

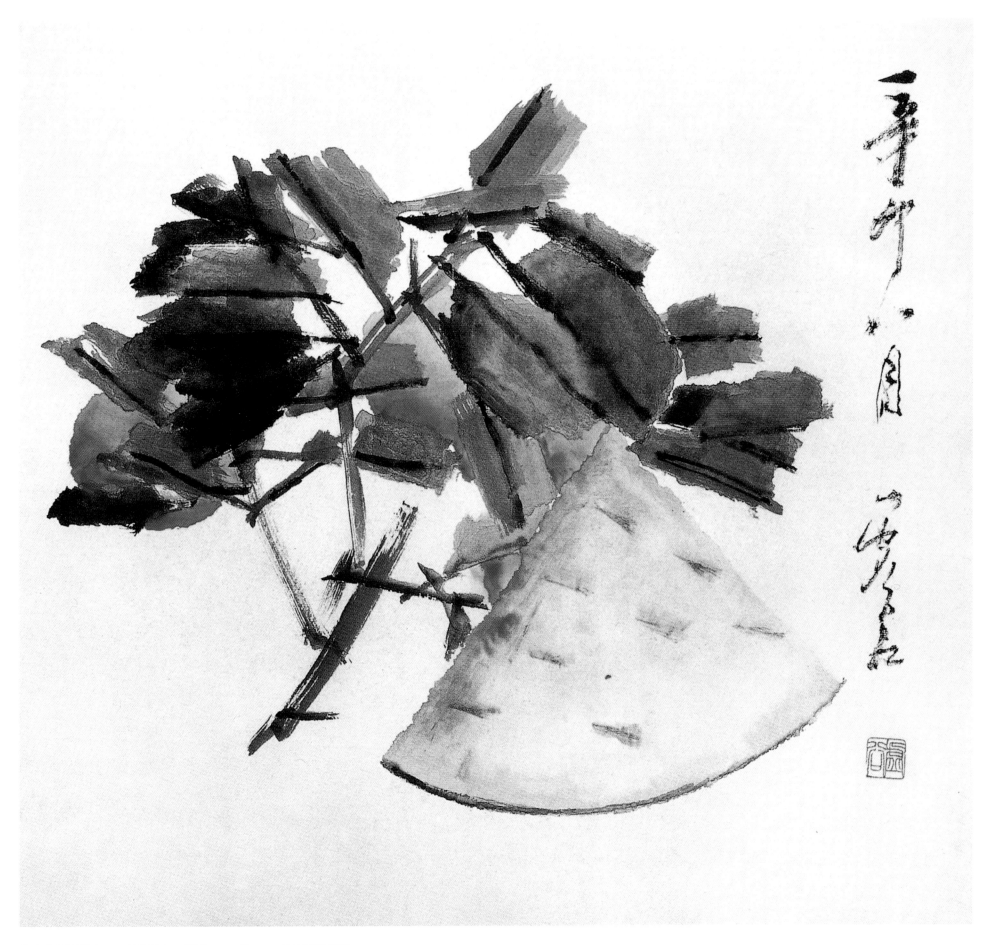

花卉蔬果图册之二　纸本设色　39.5cm×41cm　故宫博物院藏

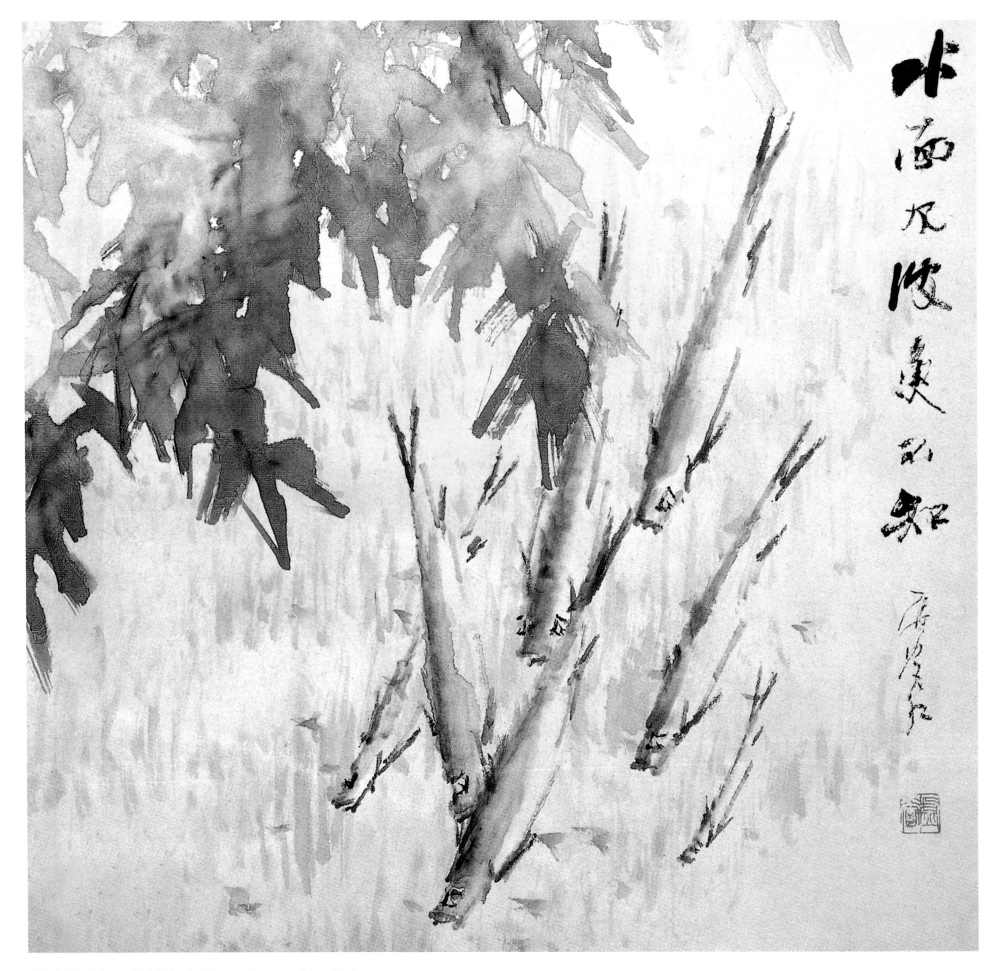

花卉蔬果图册之三　纸本设色　39.5cm×41cm　故宫博物院藏

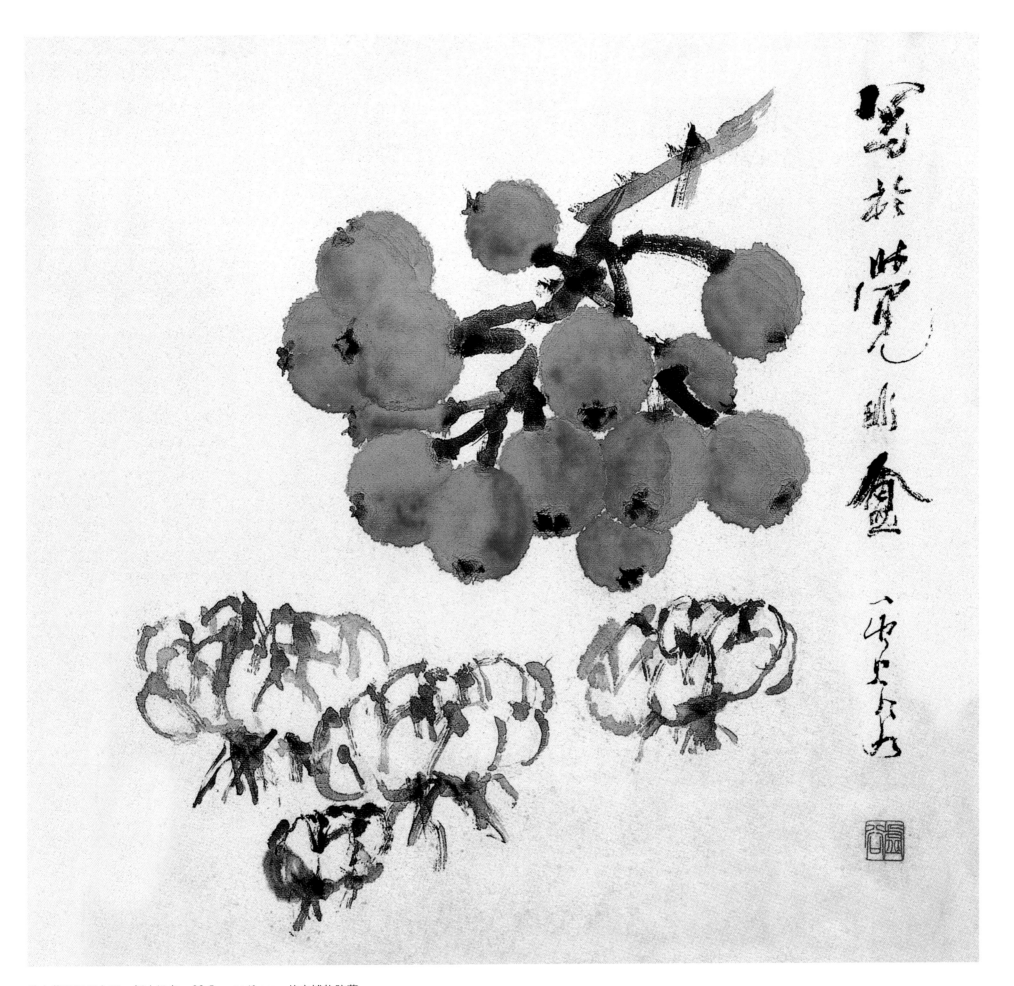

花卉蔬果图册之四　纸本设色　39.5cm×41cm　故宫博物院藏

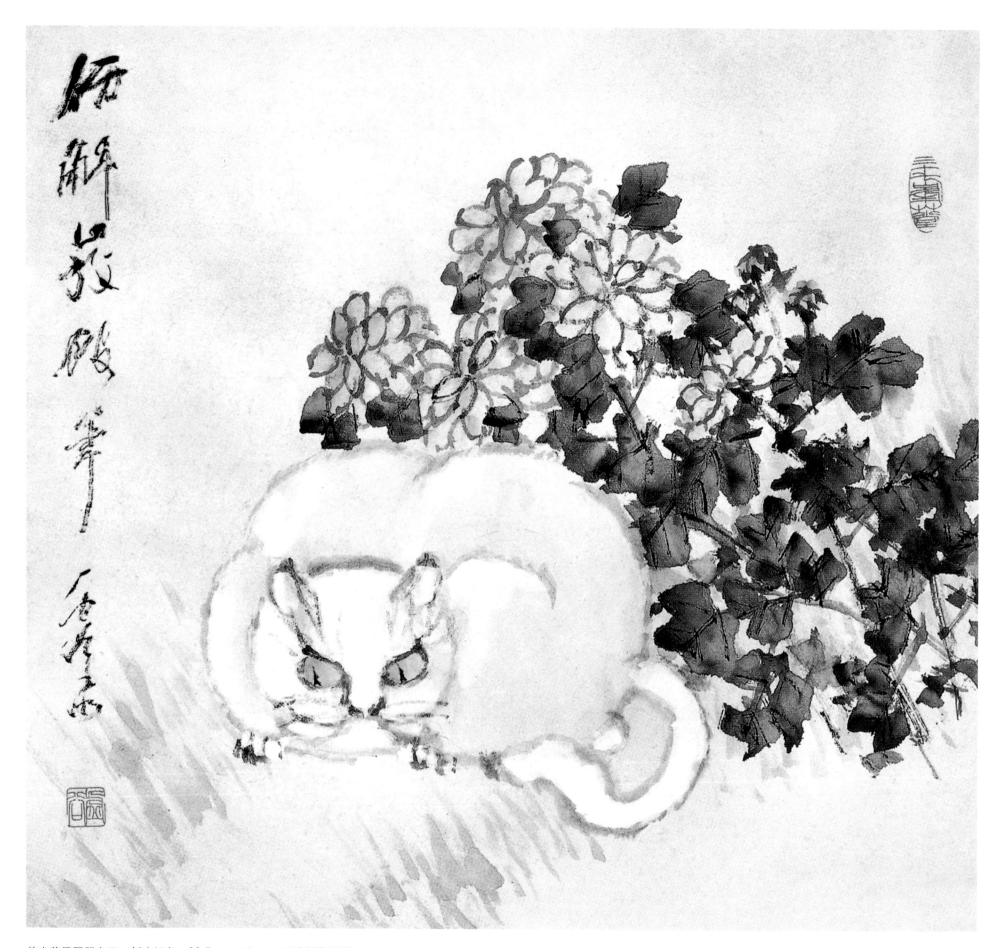

花卉蔬果图册之五　纸本设色　39.5cm×41cm　故宫博物院藏

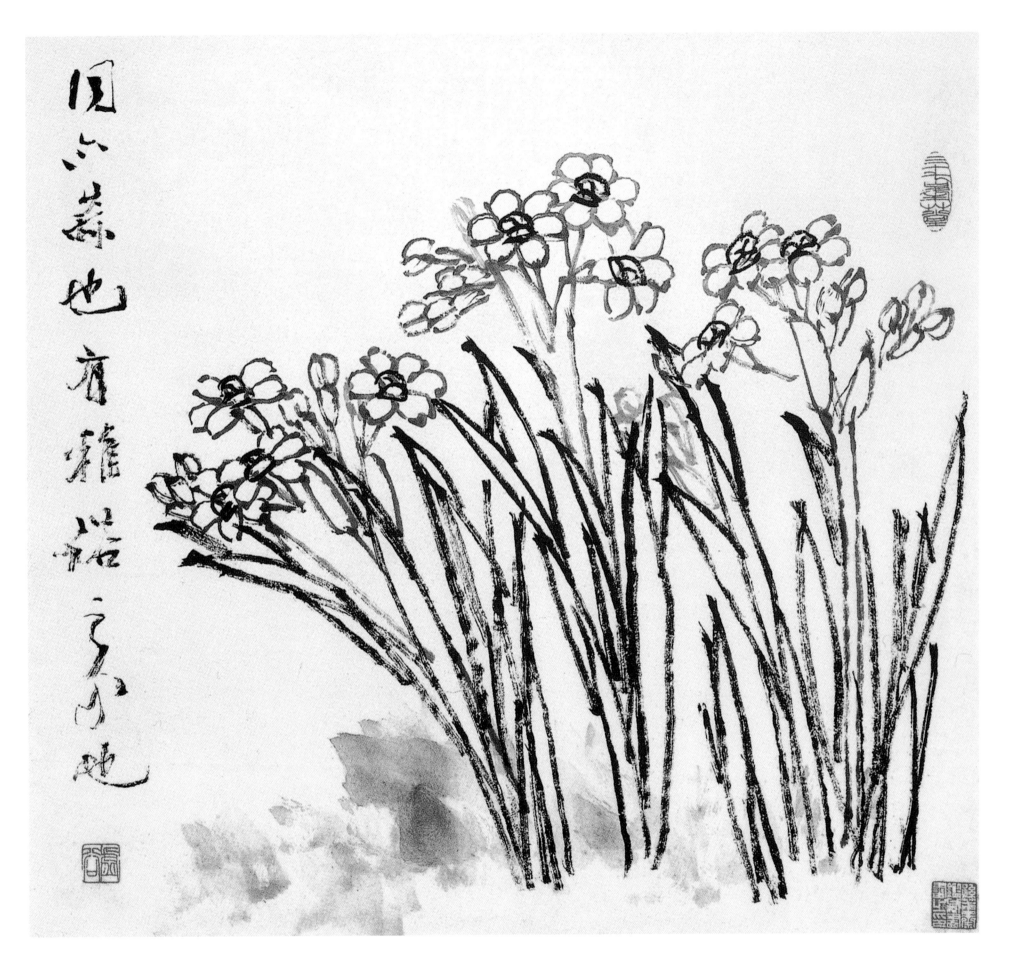

花卉蔬果图册之六　纸本设色　39.5cm×41cm　故宫博物院藏

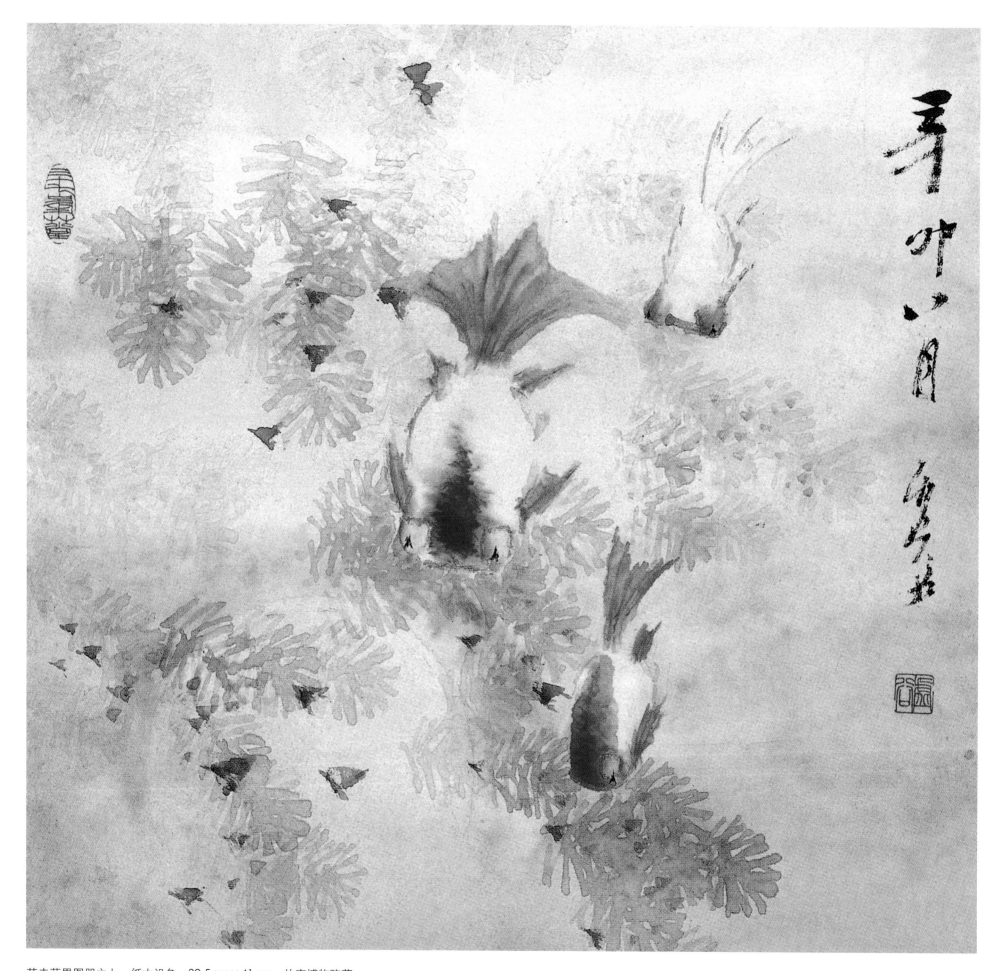

花卉蔬果图册之七　纸本设色　39.5cm×41cm　故宫博物院藏

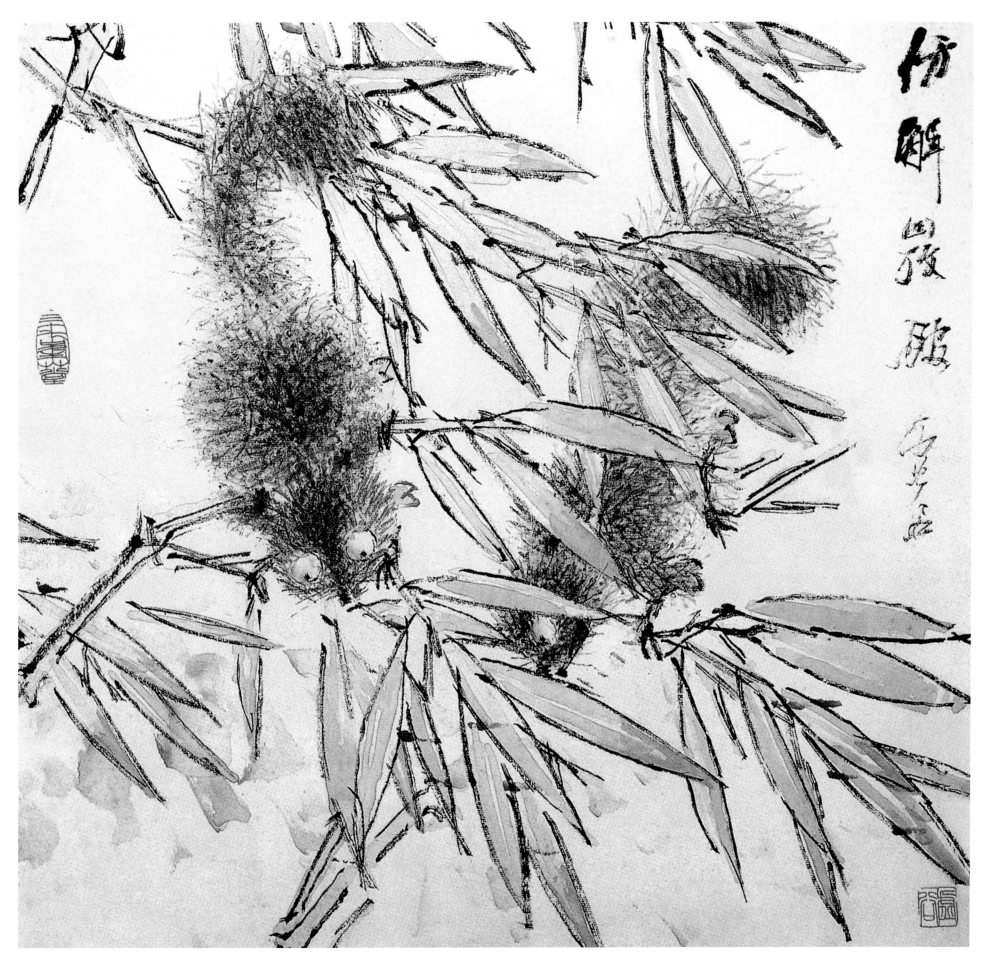

花卉蔬果图册之八　纸本设色　39.5cm×41cm　故宫博物院藏

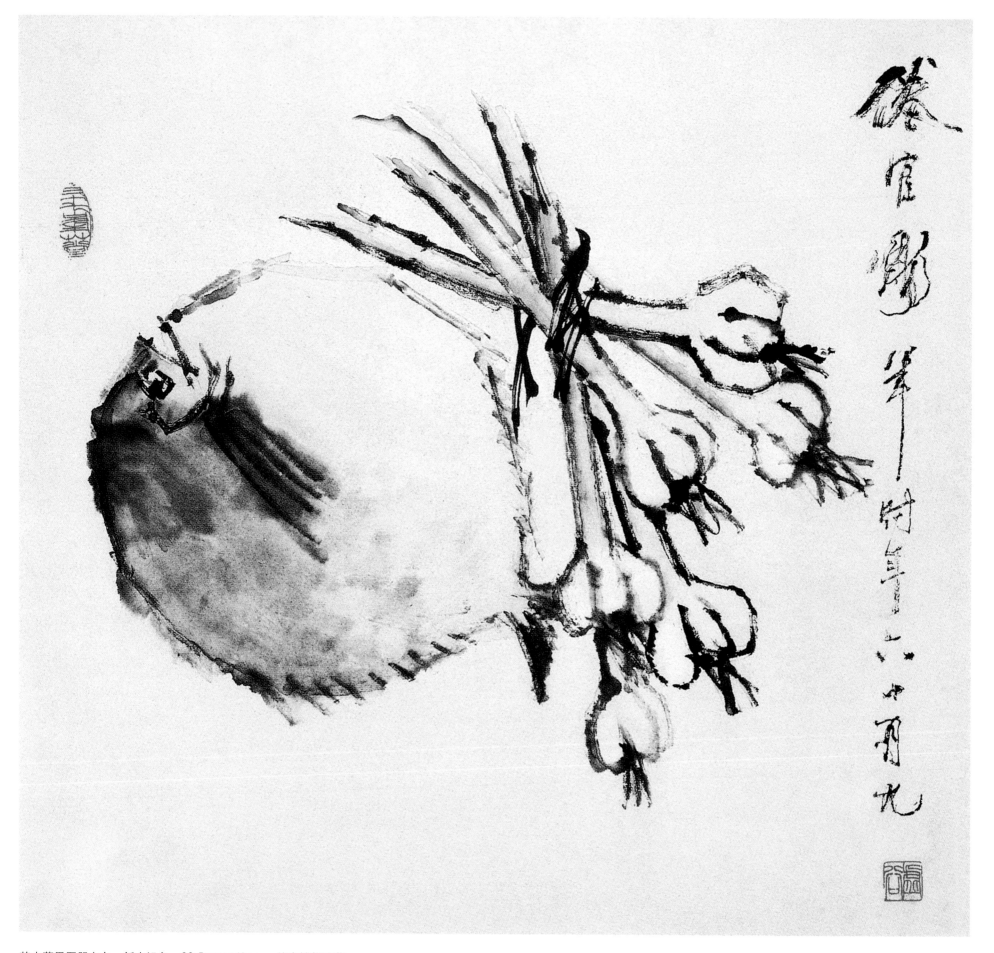

花卉蔬果图册之九　纸本设色　39.5cm×41cm　故宫博物院藏

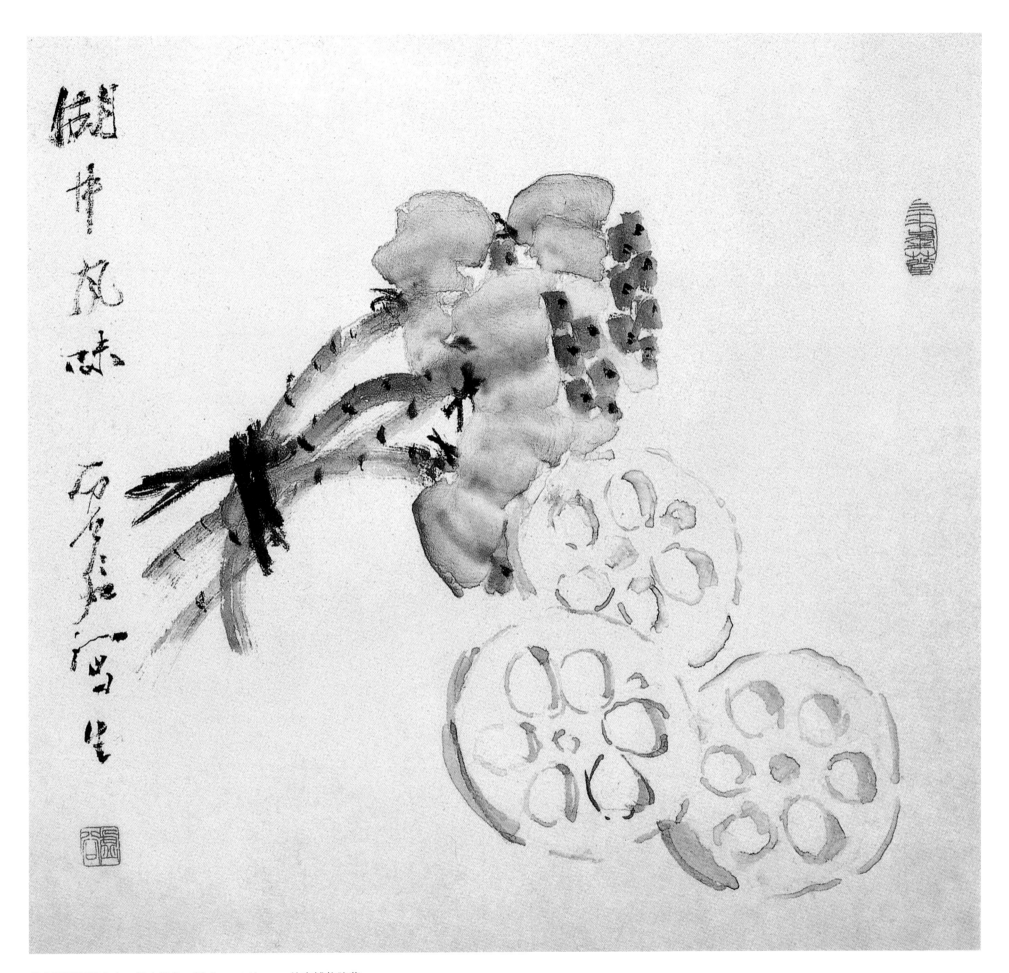

花卉蔬果图册之十　纸本设色　39.5cm×41cm　故宫博物院藏

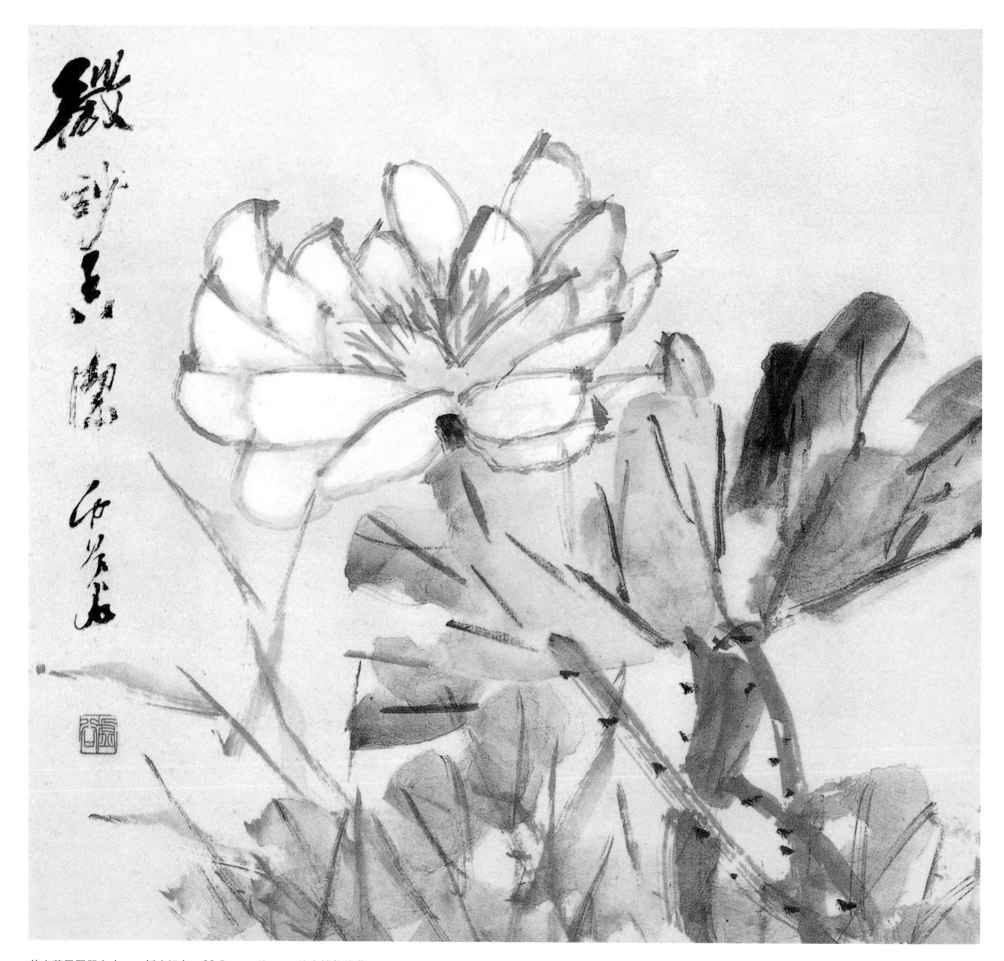

花卉蔬果图册之十一　纸本设色　39.5cm×41cm　故宫博物院藏

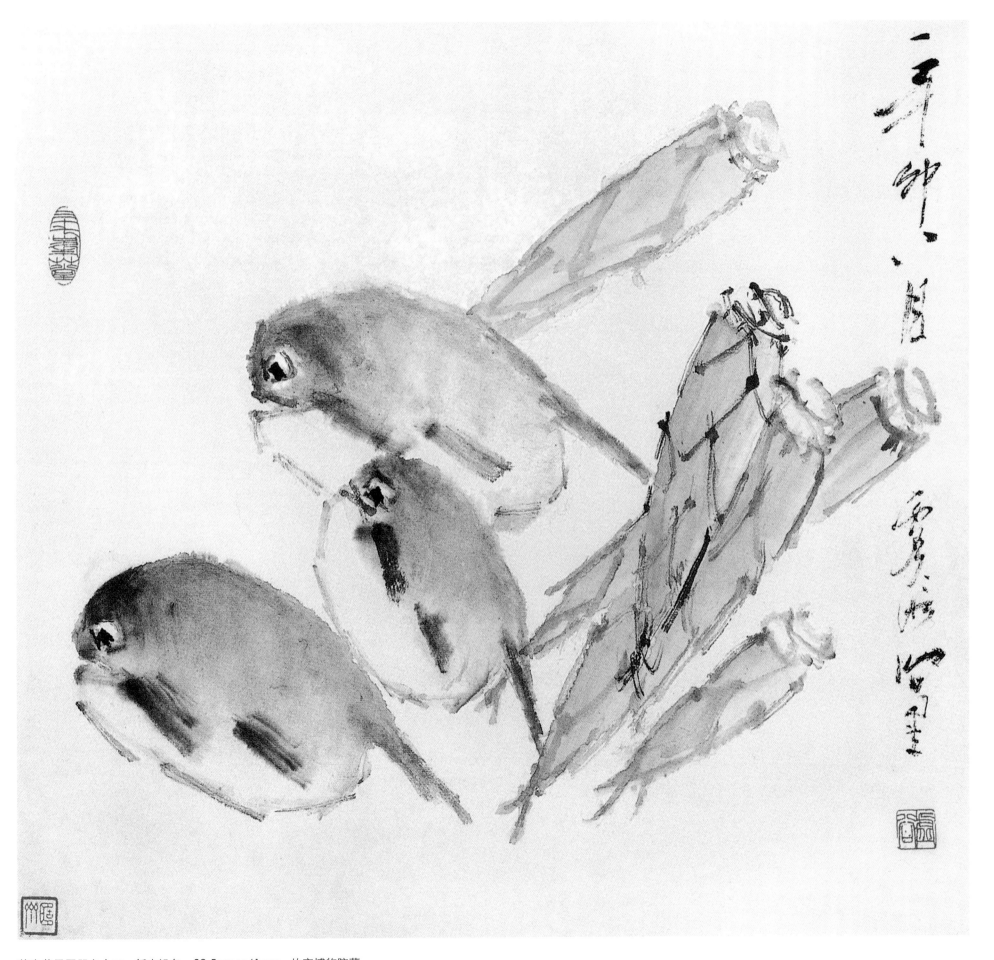

花卉蔬果图册之十二　纸本设色　39.5cm×41cm　故宫博物院藏

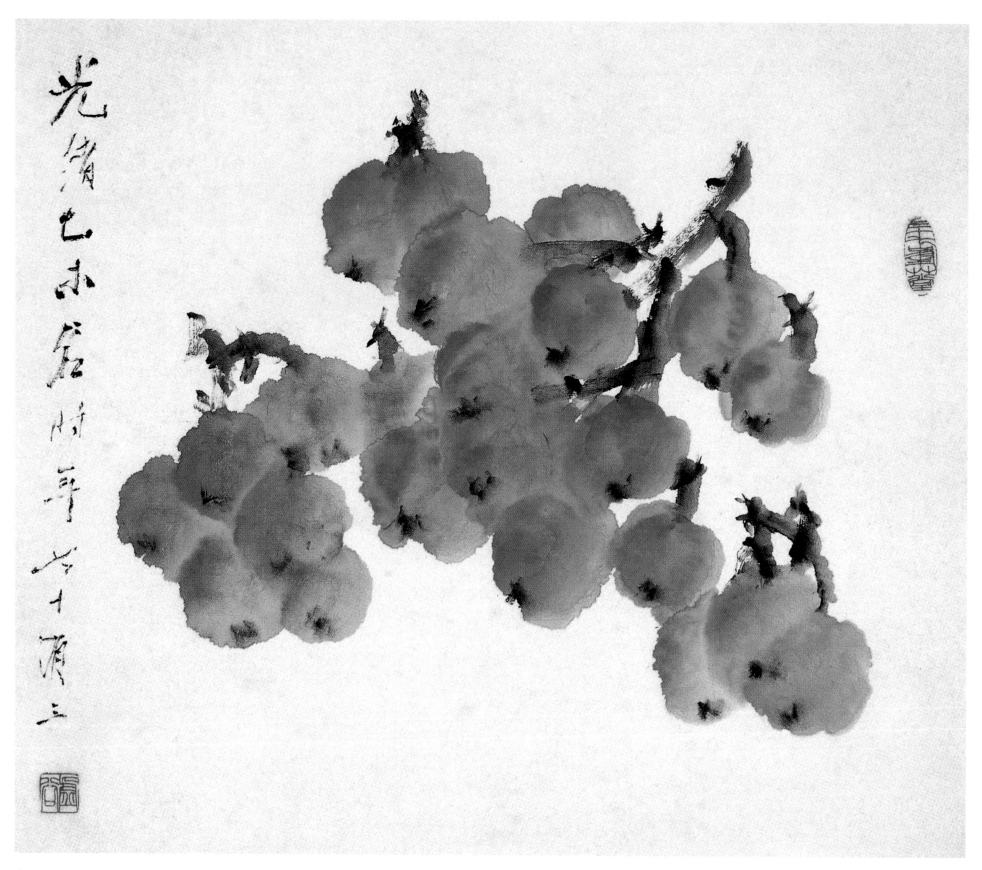

杂画册之一　纸本设色　34.7cm×40.6cm　上海博物馆藏

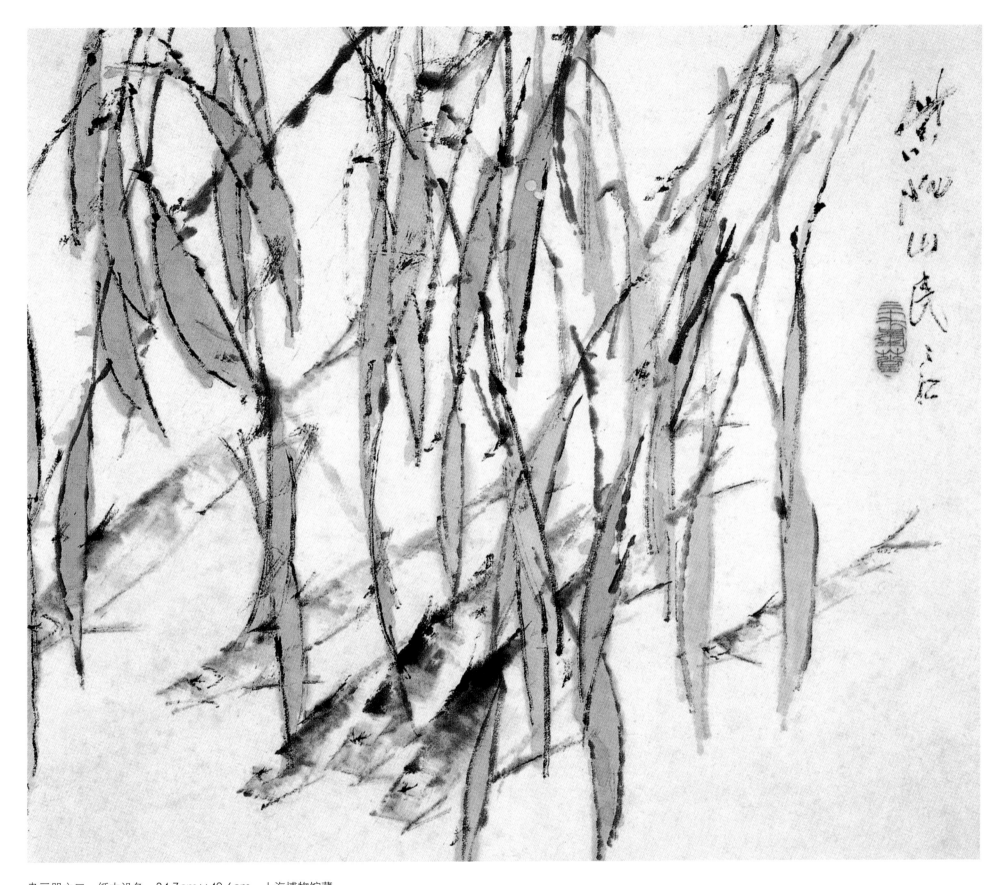

杂画册之二　纸本设色　34.7cm×40.6cm　上海博物馆藏

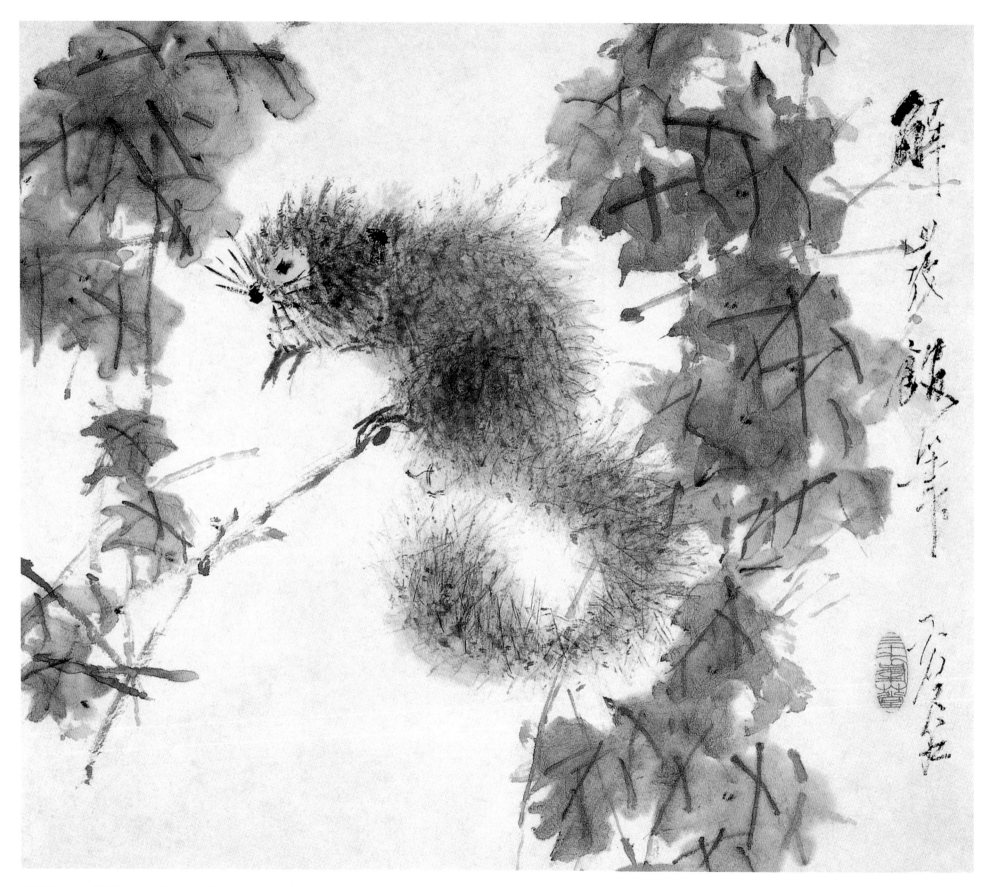

杂画册之三　纸本设色　34.7cm×40.6cm　上海博物馆藏

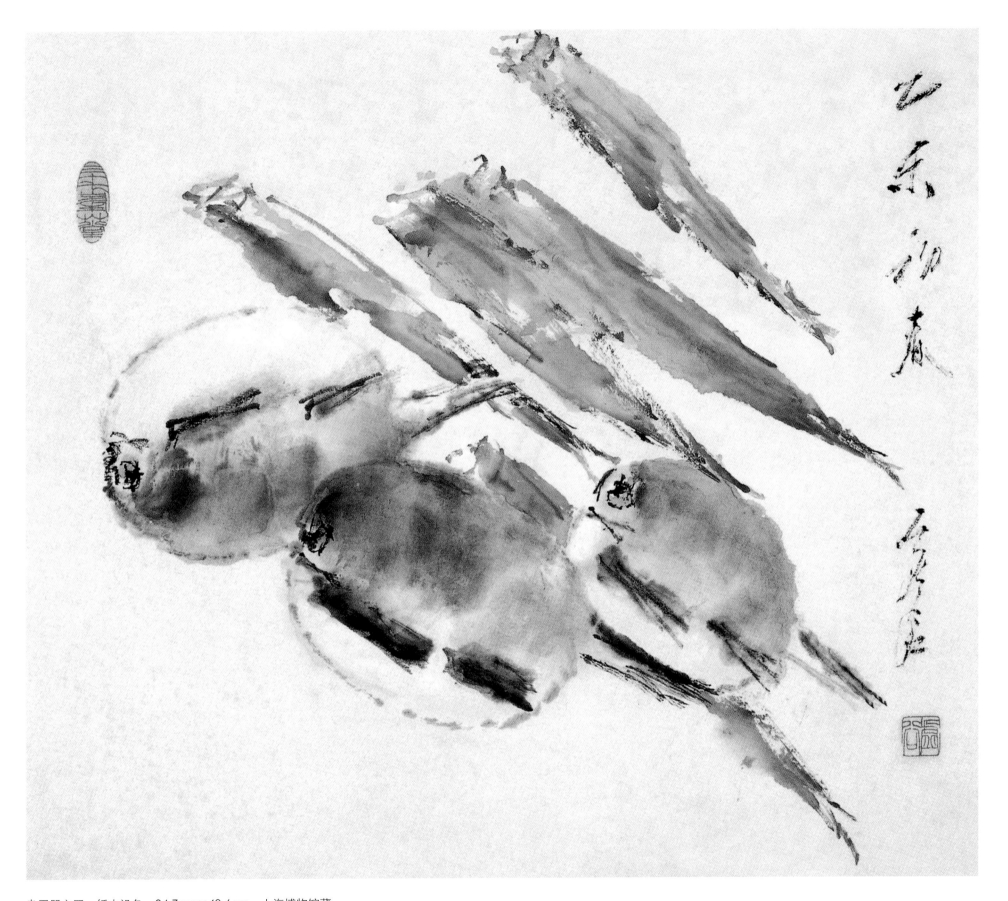

杂画册之四　纸本设色　34.7cm×40.6cm　上海博物馆藏

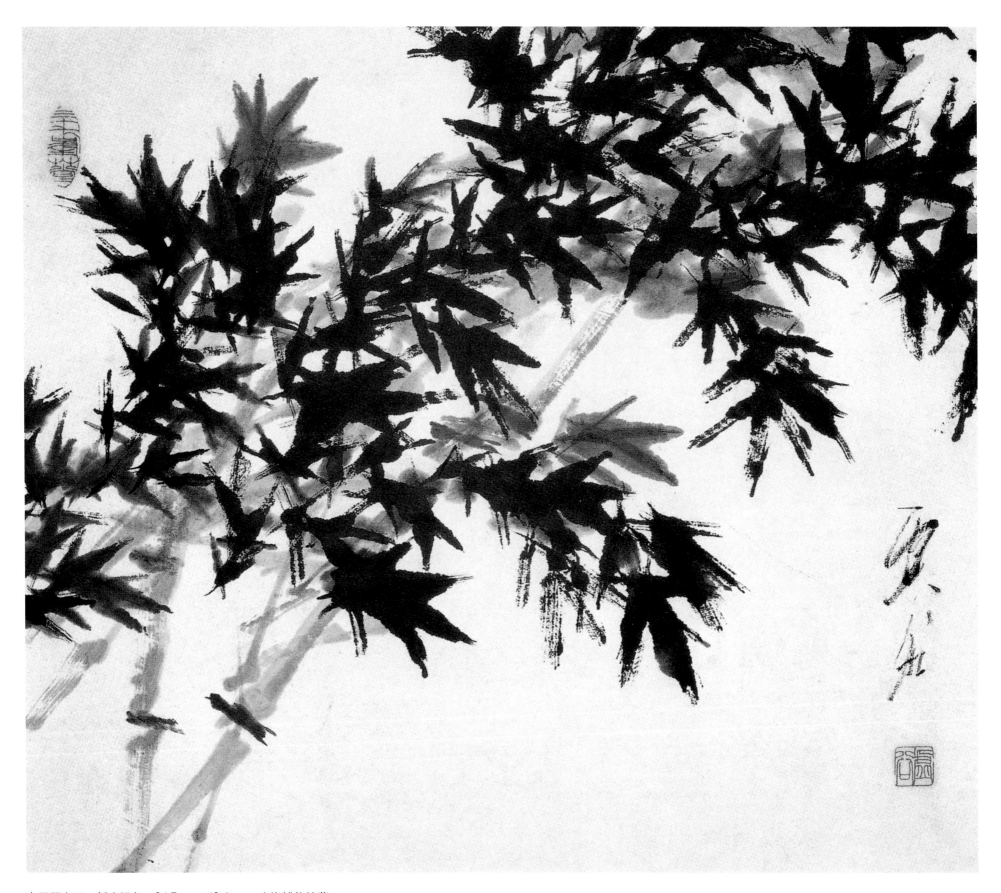

杂画册之五　纸本设色　34.7cm×40.6cm　上海博物馆藏

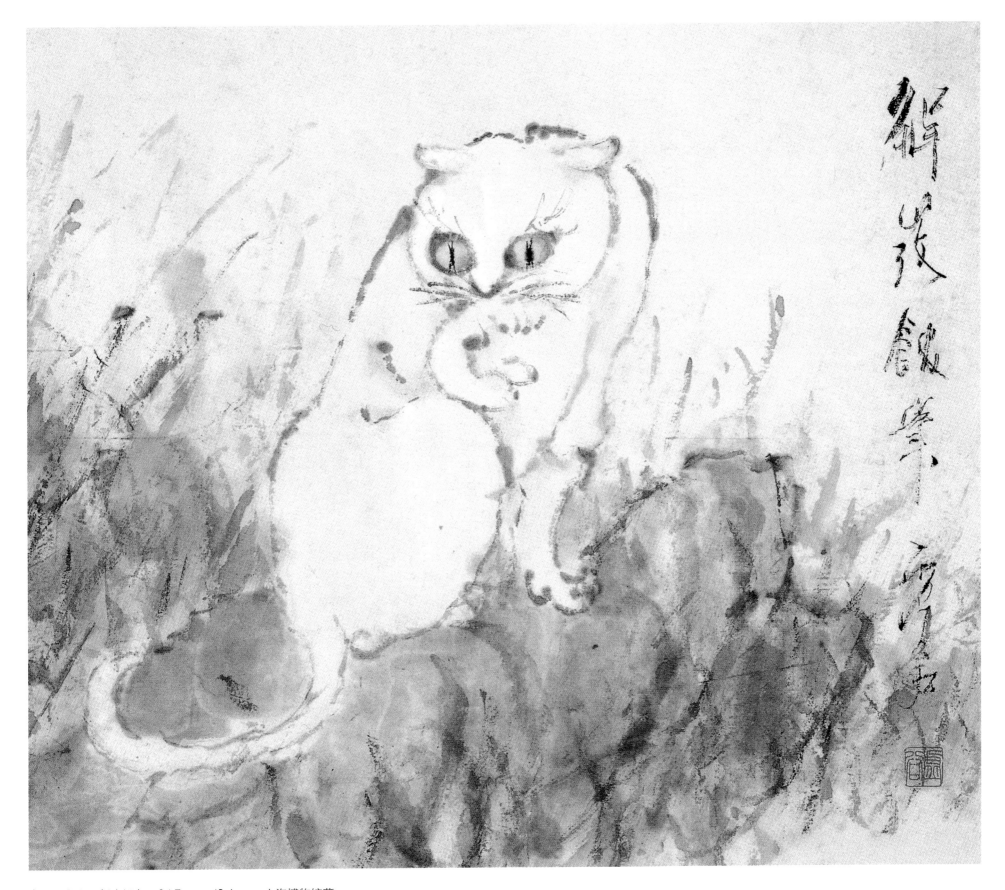

杂画册之六　纸本设色　34.7cm×40.6cm　上海博物馆藏

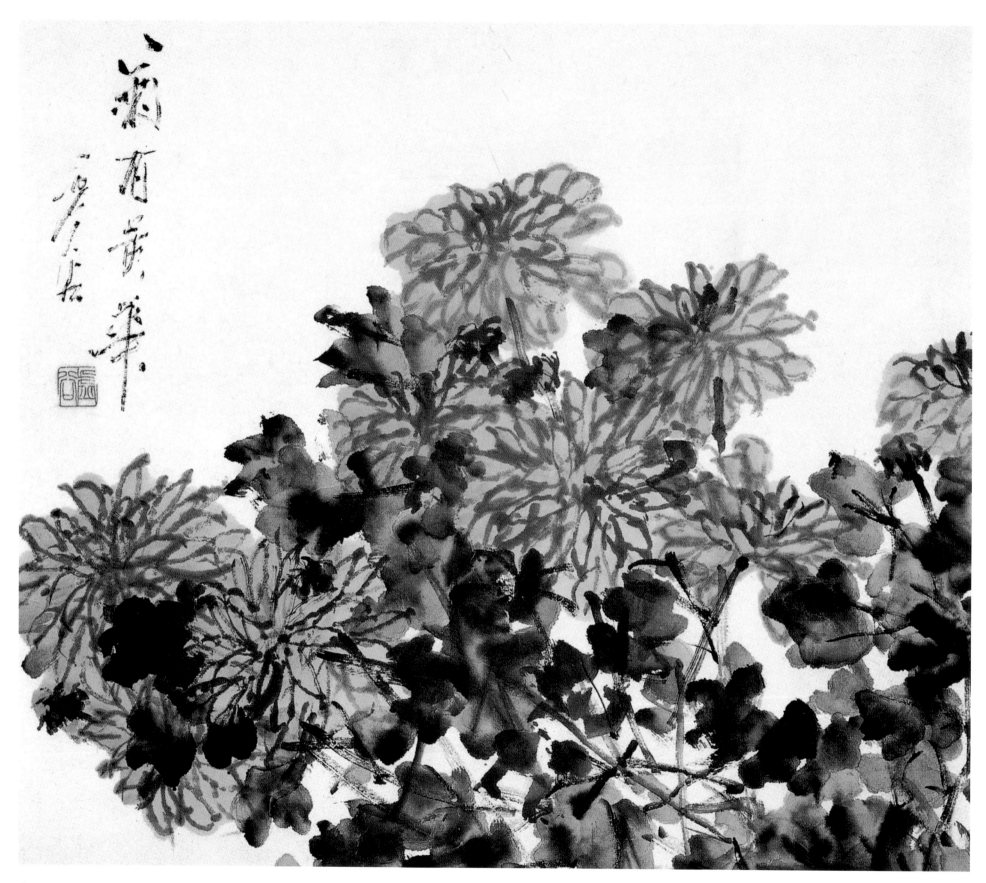

杂画册之七　纸本设色　34.7cm×40.6cm　上海博物馆藏

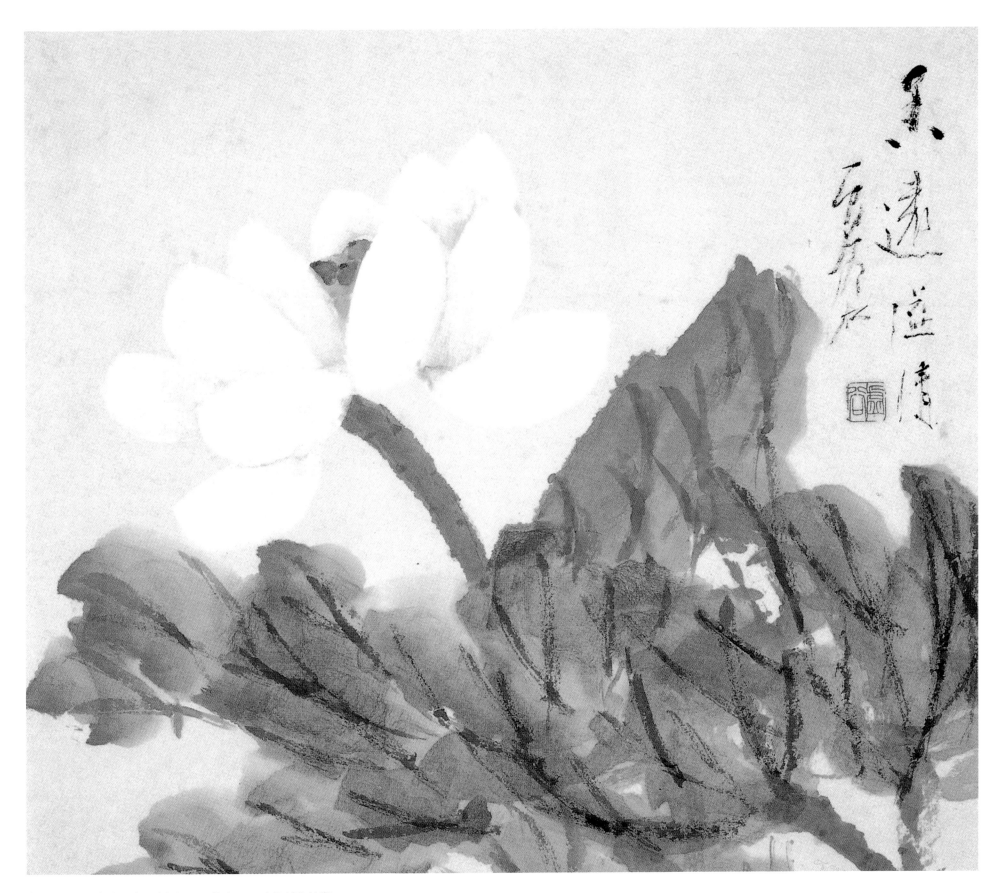

杂画册之八　纸本设色　34.7cm×40.6cm　上海博物馆藏

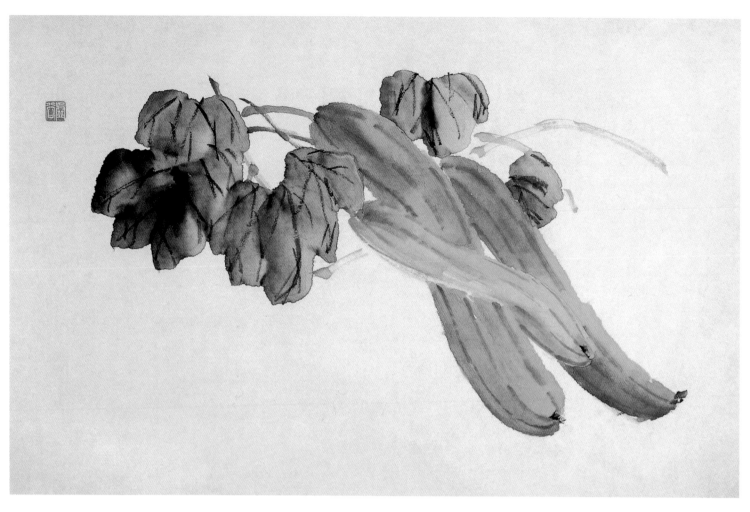

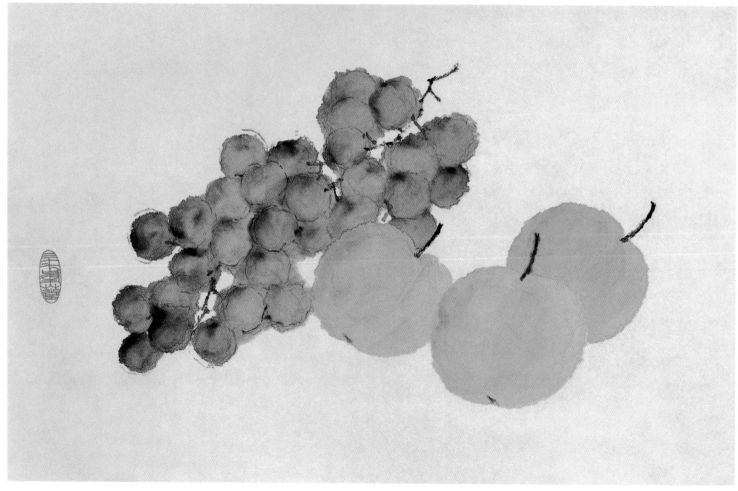

花果图册之一、之二
纸本设色
48.5cm×60.3cm×2
上海博物馆藏

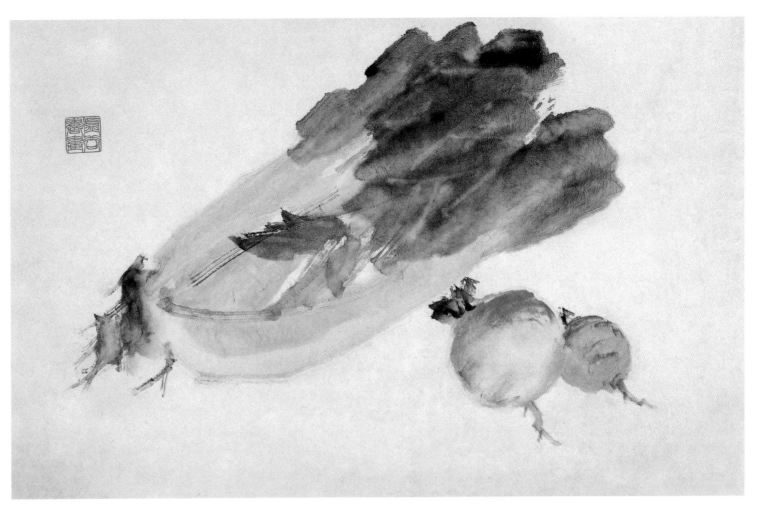

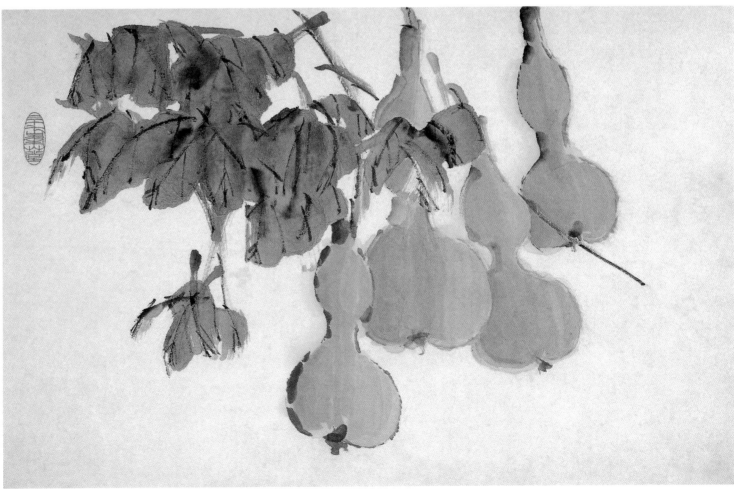

花果图册之三、之四
纸本设色
48.5cm×60.3cm×2
上海博物馆藏

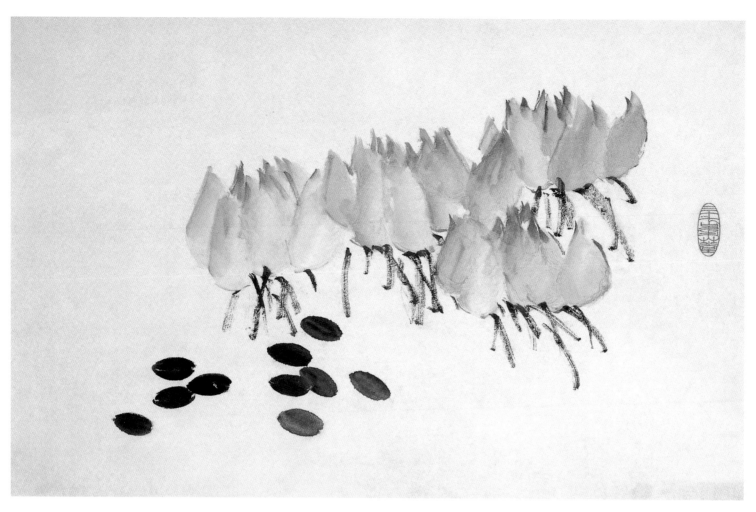

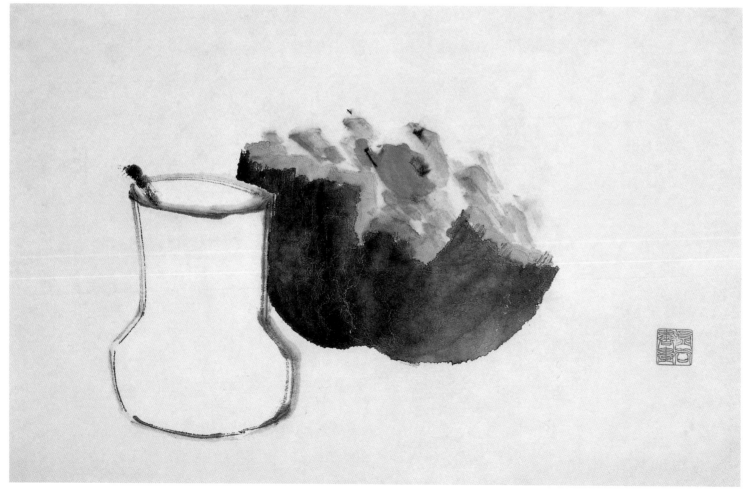

花果图册之五、之六
纸本设色
48.5cm×60.3cm×2
上海博物馆藏

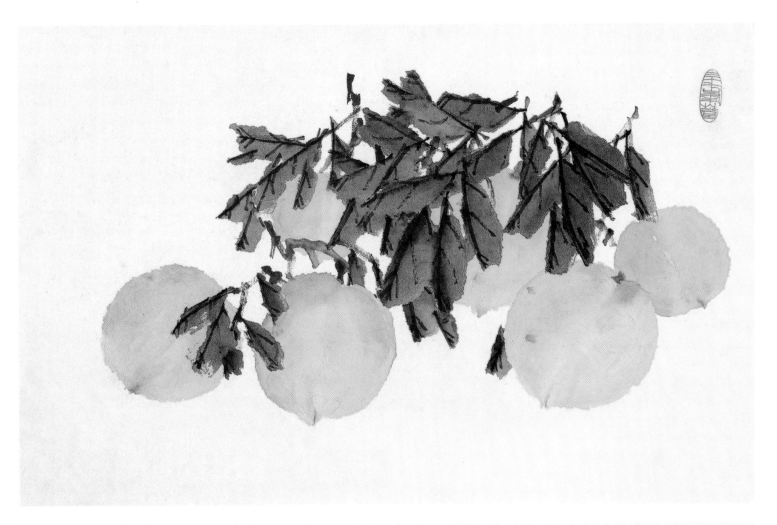

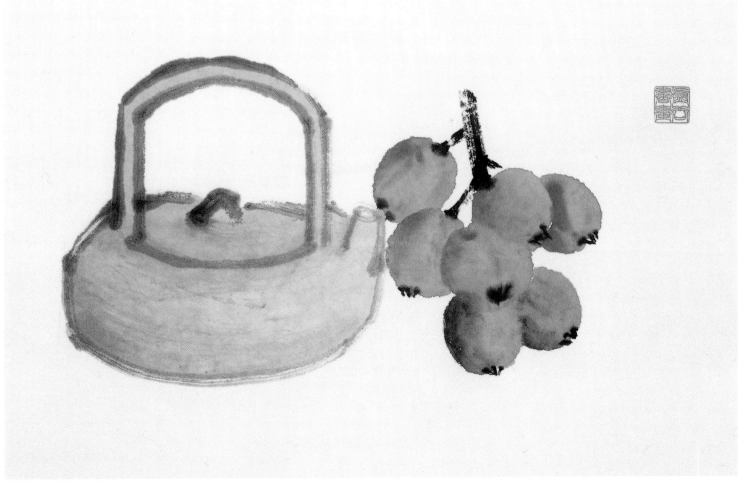

花果图册之七、之八
纸本设色
48.5cm×60.3cm×2
上海博物馆藏

任　颐

　　任伯年〔1840—1896〕，清代画家。初名润，字小楼，改字伯年，斋号颐颐草堂。山阴〔今浙江绍兴〕人。父亲是民间艺人，他自幼随父学画，后至上海习画、卖画，为任熏弟子。时值清王朝气脉将尽，西学东渐之风盛行，画坛人物一派低迷，任伯年应时而生，加之天资聪颖，又勤于丹青，广收博取，遂达"炉火纯青"之佳境。他的绘画发轫于民间艺术，重视传统，融以西画之速写、设色诸法，画风新颖生动，豪迈纵放。善画人物、花鸟、山水，尤工肖像，年未及壮已名震大江南北。为"海上画派"的代表人物。徐悲鸿誉其为"中国画家第一人"。传世作品有《高邕之小像》轴、《花鸟图》屏等。

丹青来自万物中

——任伯年册页作品浅析

彭 德

任颐，初名润，字伯年，号次远、小楼，别号山阴道人、山阴道上行者。山阴航坞山（今属浙江萧山）人。其父任鹤声，号淞云，是一位民间画师。任伯年在孩提时即承庭训，学习绘画。其父特别注重对他传神写照和默写能力的培养。任伯年正是在这种严格的训练下，从小就培养敏锐的观察力和背摹默记的能力，特别是在肖像画方面练就了娴熟的技艺，为他日后绘画的发展奠定了基础。

在清末画坛上，因袭摹古成风，画家多从古人的粉本中讨生活，画风日趋萎靡不振。任伯年是当时为数不多的认识到绘画创作来自于生活的画家之一。他非常重视从生活中汲取创作素材，他所擅长的花卉、禽鸟以及肖像画中的人物，都是他生活中熟悉的真实形象。对于那些不能把握的对象，他往往通过写生来观察和把握对象的特征，这在当时的画坛是非常难能可贵的。这位海派现实主义大师，开一代风气之先河，对后来海上画派绘画风格的形成起到了重要作用。

海派绘画风格的形成，与当时上海开埠，商业资本的涌入密切相关。画家客居沪上的主要目的还是为了卖画维系生计，因此海派画家在绘画中有意削弱传统文人画的书卷气，以迎合商贾、市民大众的趣味。当时大部分画家在这种"迎合"中迷失自我，陷于庸俗市井的"脂粉气"。而具有深厚传统功底的任伯年，虽然在作品中不可避免地显示出通俗化的倾向，但是其超乎寻常的写生观察能力和技法表现能力，让他在艺术和生活两者之间找到一个很好的平衡点。我们回望任伯年的艺术，也为当下中国画学习者应对浮躁的现实，找到新的艺术平衡点，提供了有意义的参考。

此次辑选的任伯年册页精品，原作全部庋藏在中国美术馆，为任伯年在清光绪八年（1882）至光绪十三年（1887）间的作品。任伯年的册页虽然画幅不大，但是多为精心之作，丝毫没有半点轻心率意之处。画幅虽小，却俨然是全境，所谓"麻雀虽小，五脏俱全"。由于大师的匠心独运，这些册页作品的画幅，感觉增之一分则太多，减之一分则太少，恰到好处，不可随意增删改动。在册页的方寸之间，小中见大，气象万千，尺幅虽小却有寻丈之景。

任伯年擅长汲取熟悉的生活场景入画，如光绪甲申年（1884）至乙酉年（1885）创作的《花鸟册》中，"篱头花开蟋蟀鸣"描绘的就是瓜棚豆架下两只蟋蟀在觅食争斗的场景；"枇杷蜡嘴"描绘两只蜡嘴鸟栖息在枇杷树枝头，面对硕硕黄金果，有点自鸣得意的场景；其他还有描绘两只雏鸭在春水中追逐戏耍、八哥在柳树上悠然自得等等场景。每一幅都是真实生活的写照，经过任伯年的艺术处理，幻化出一幅幅活生生的艺术佳构。光绪壬午年（1882）画的《没骨花卉》册，用没骨画法描绘或是盛开的桃花，或是浓艳的木棉，或是冰清玉洁的玉兰，或是"暖风熏得游人醉"的紫藤……这组没骨花卉作品所描绘的桃花、木棉、玉兰、紫藤等题材，都是人们日常喜闻乐见的花卉植物，绘制于册页之上，素雅高洁，便于欣赏、品鉴。光绪己卯年（1887）至乙未年（1895）创作的《团扇集锦》中有一幅"月下栖鸟图"，画中画的不是梨花，却给人以"梨花院落溶溶月"的诗境，还有一幅"秋菊白猫图"更是把一只栩栩如生的白猫生动地刻画出来，有一种呼之欲出的真实感觉。任伯年选取这些生活中随处可见的花鸟场景入画，非常重视从生活中汲取创作素材。他画中的花果、鸟兽都是一些生活在社会中下层民众所熟悉的题材，所以看过任伯年的作品以后，会让人倍感亲切。

任伯年反复描绘平民百姓熟悉和喜闻乐见的题材，这跟他出身寒微，起步于民间有关系。任伯年对当时社会中下层民众有着广泛接触和了解，熟知他们的思想感情、喜好与文化风俗。他画的题材，无论是神仙佛陀、历史人物，还是现实生活中的高士、文人等等，都是广大民众喜闻乐见的人物形象。任伯年善于在人物刻画过程中诠释自己对生活、对社会的理解。

任伯年的人物画，早年师法萧云从、费晓楼、任阜长，后又师法陈洪绶、华新罗，还接触过西洋写生画，转益多师，使得他有着丰富的艺术技巧。因此，在他的画作中，往往能自出新意，即使是古人经常表现的历史题材，任伯年也能将其画得充满诗情画意，耐人寻味。如光绪乙酉年（1885）画的《白描人物》册中，"龙山落帽"中孟嘉的帽子被大风高高吹起，随风而舞的袖袍将疾劲的风势表现得真切感人。另外，《团扇集锦》中人物造型生动，栩栩如生，笔墨渐趋奔放。这幅属于任伯年人物画中期的作品，人物线描更加简率，别有韵味。

反复品味这些册页的意境，不禁让人感慨艺术大师高超的笔墨能力和敏锐的社会洞察力。任伯年的册页作品，方寸之间能够将所有的题材都捕捉到画面中来，并把画面处理得非常到位，而且个人面貌很突出，从神话故事、社会生活、人物动态到折枝的花卉、栖林的小鸟、觅食的白猫，无不逼真地再现出来，并用兼工带写的表现手法来体现自然界的动静和人们的活动。从这一点来看，堪称典范之作，值得后学品读和师法。

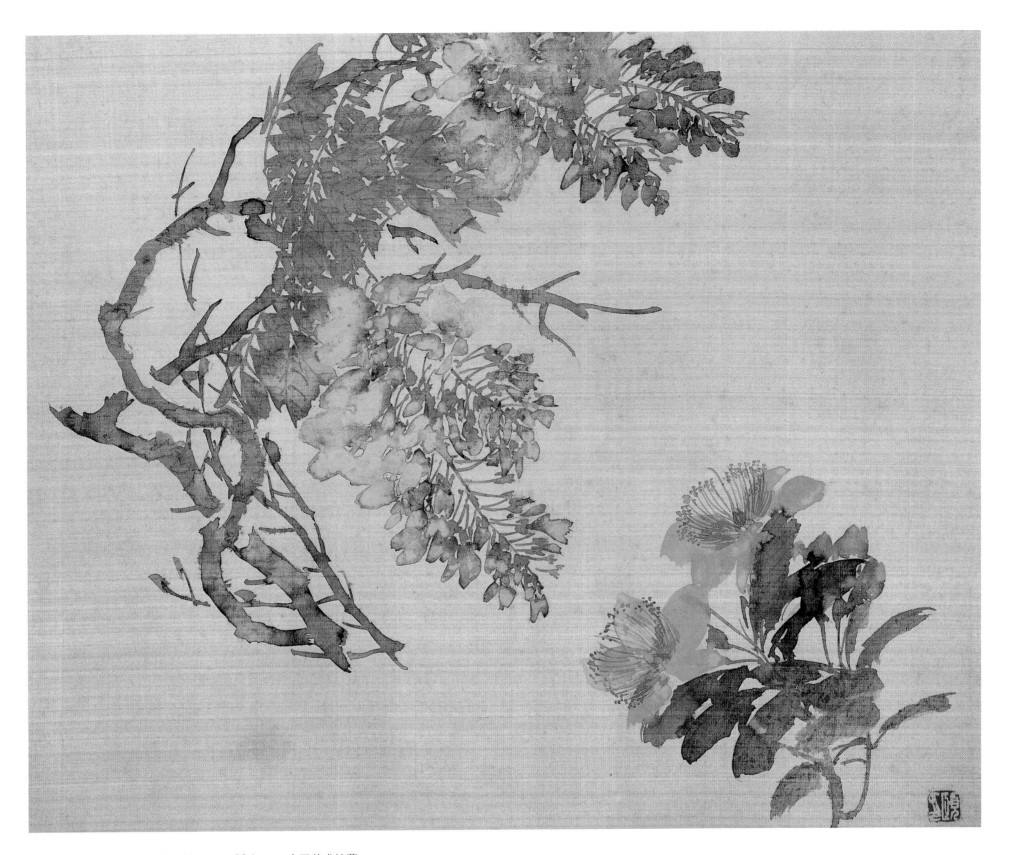

没骨花卉册之一　绢本设色　31.6cm×39.1cm　中国美术馆藏

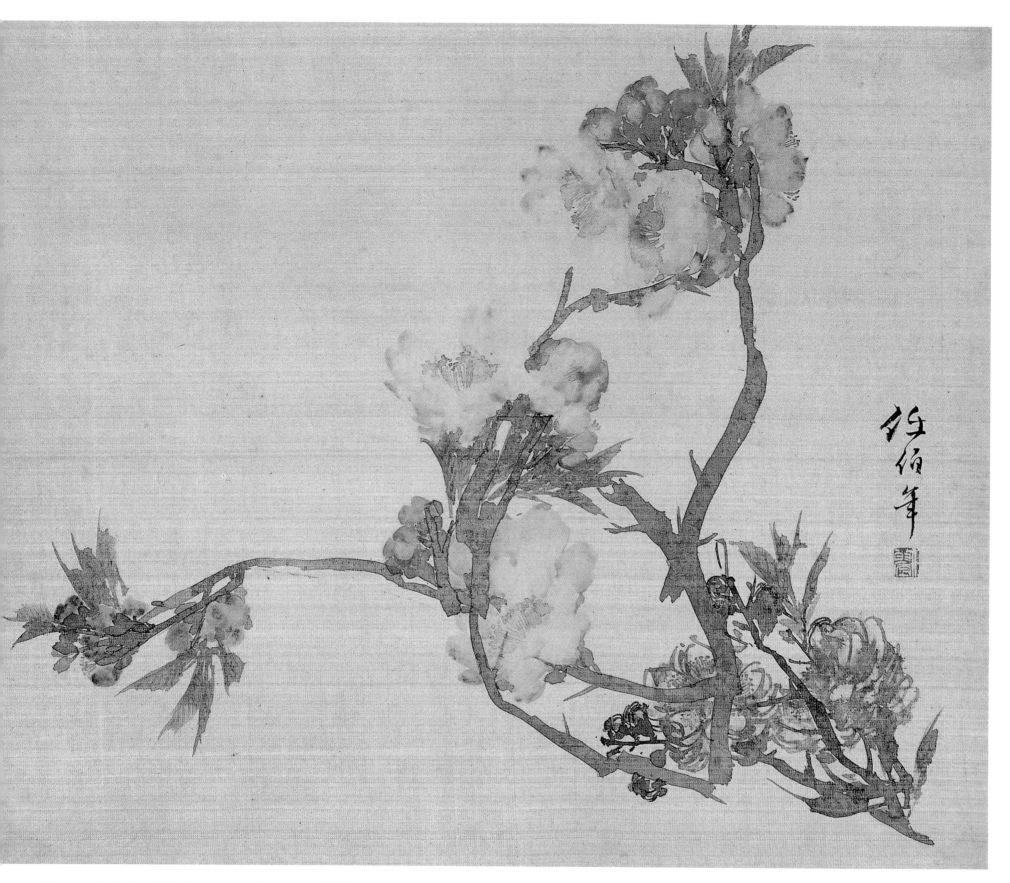

没骨花卉册之二　绢本设色　31.6cm×39.1cm　中国美术馆藏

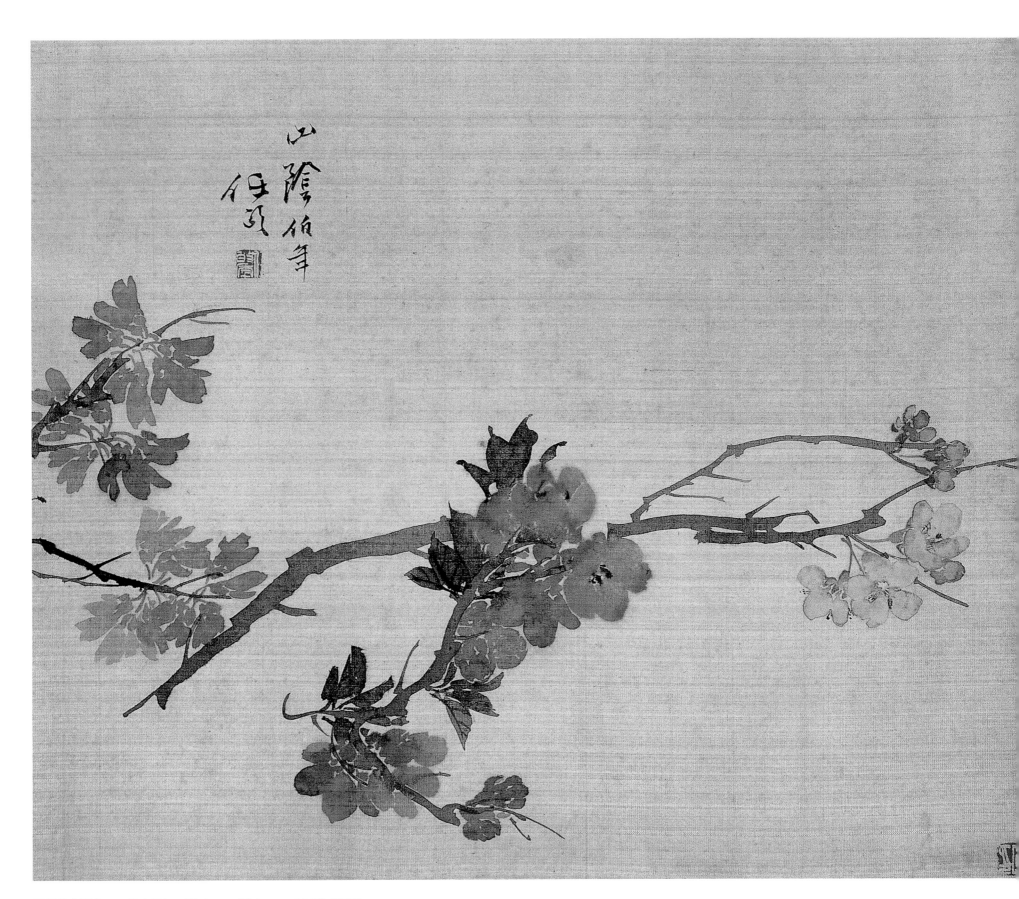

没骨花卉册之三　绢本设色　31.6cm×39.1cm　中国美术馆藏

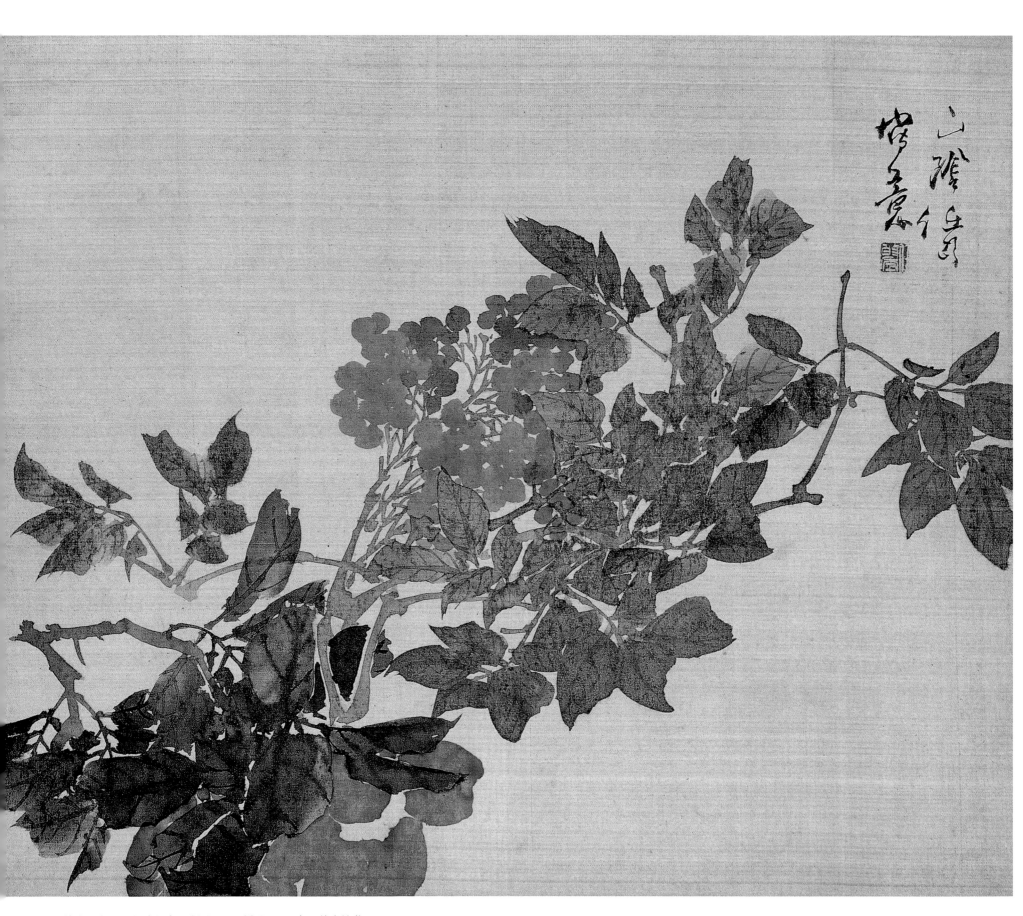

没骨花卉册之四　绢本设色　31.6cm×39.1cm　中国美术馆藏

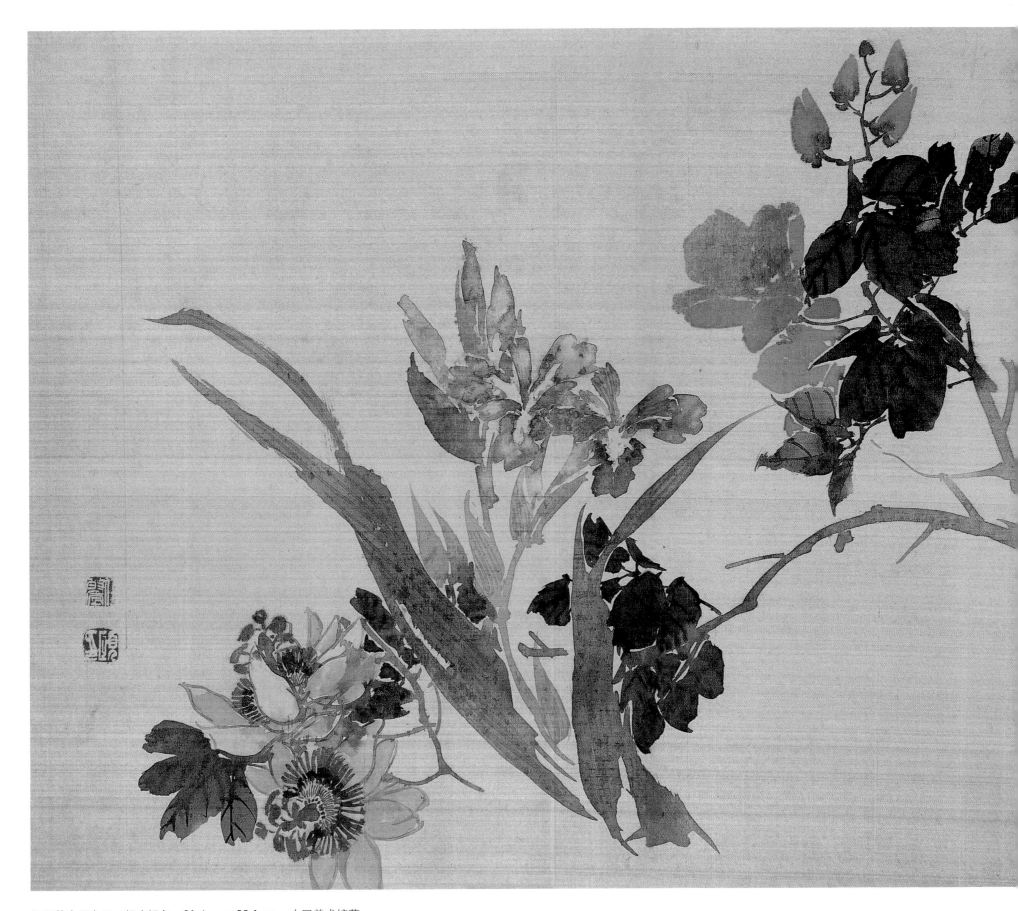

没骨花卉册之五　绢本设色　31.6cm×39.1cm　中国美术馆藏

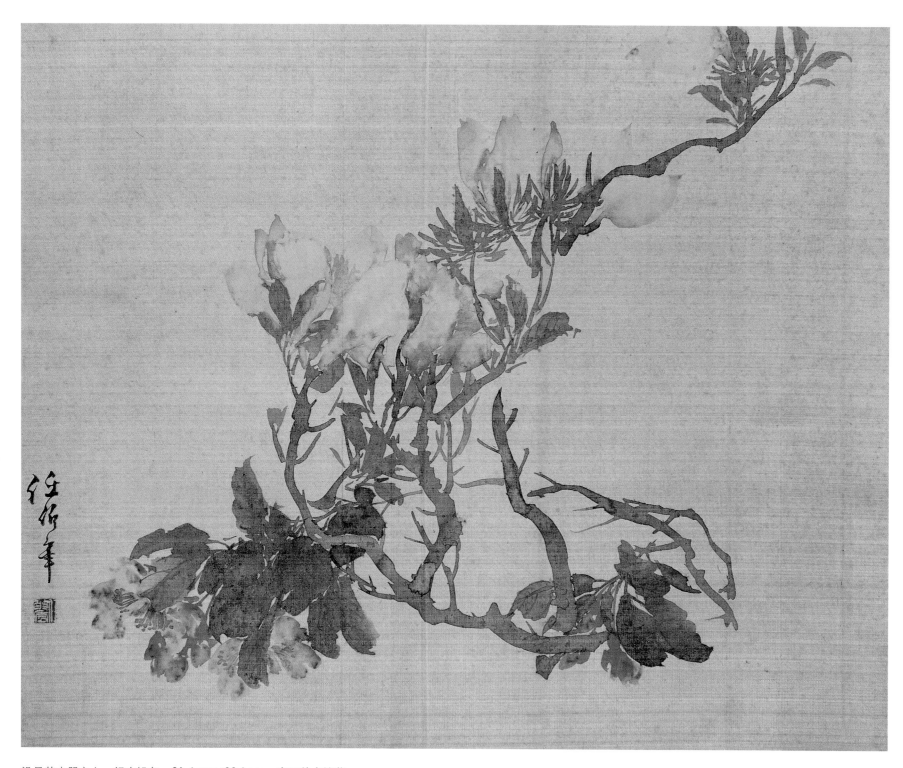

没骨花卉册之六　绢本设色　31.6cm×39.1cm　中国美术馆藏

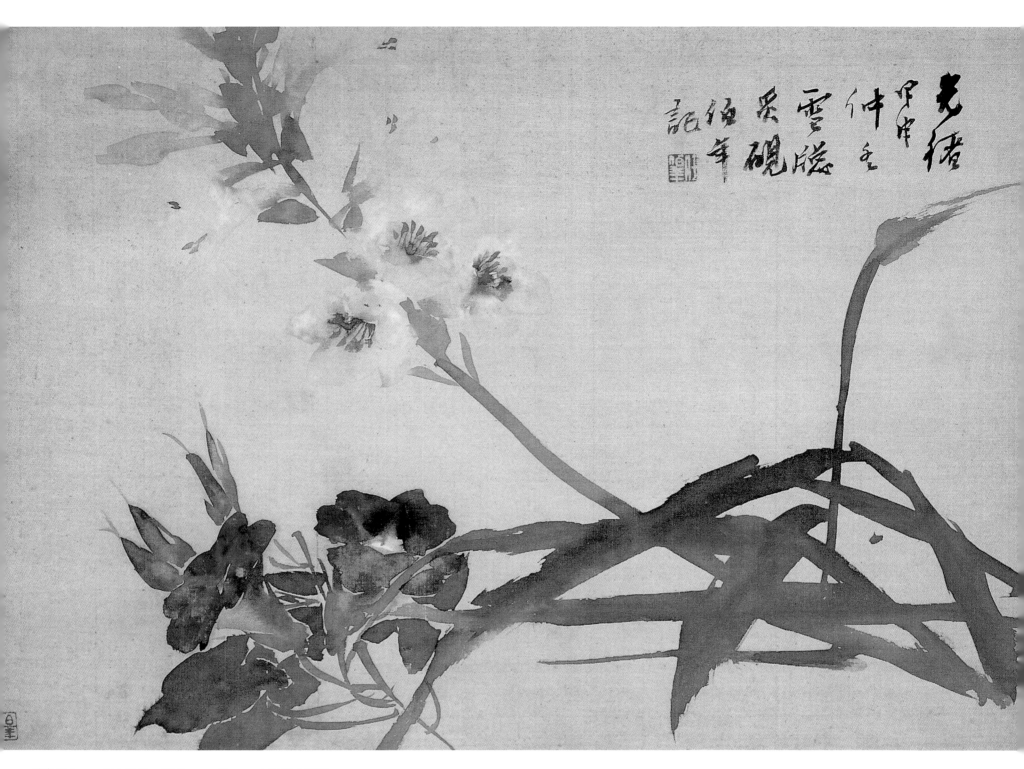

花鸟册之一　绢本设色　29.5cm×42cm　中国美术馆藏

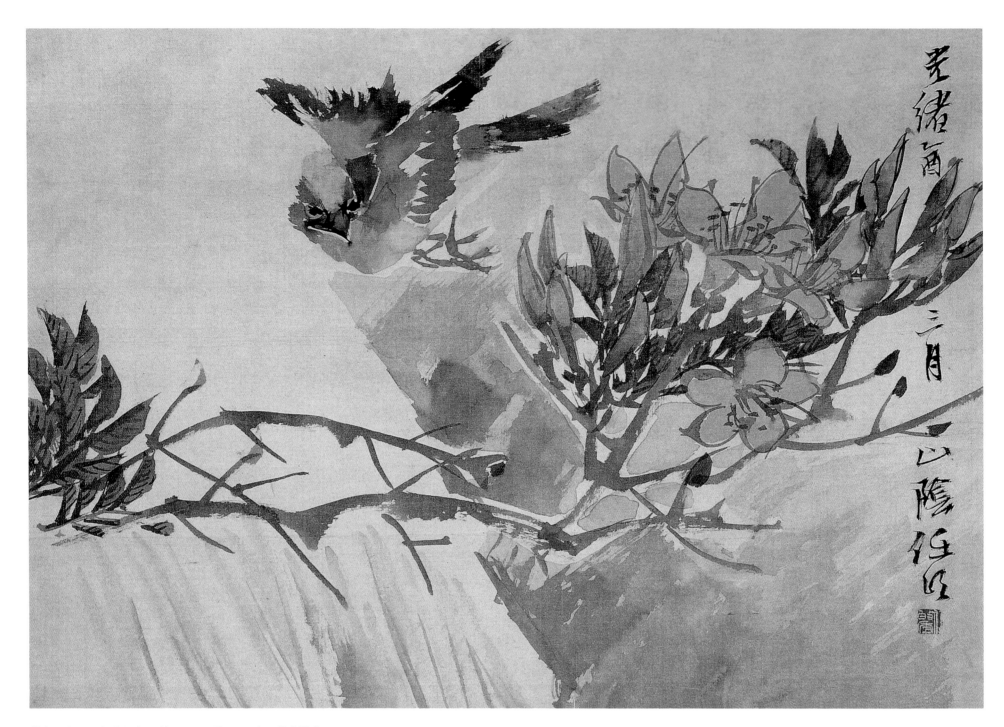

花鸟册之二　绢本设色　29.5cm×42cm　中国美术馆藏

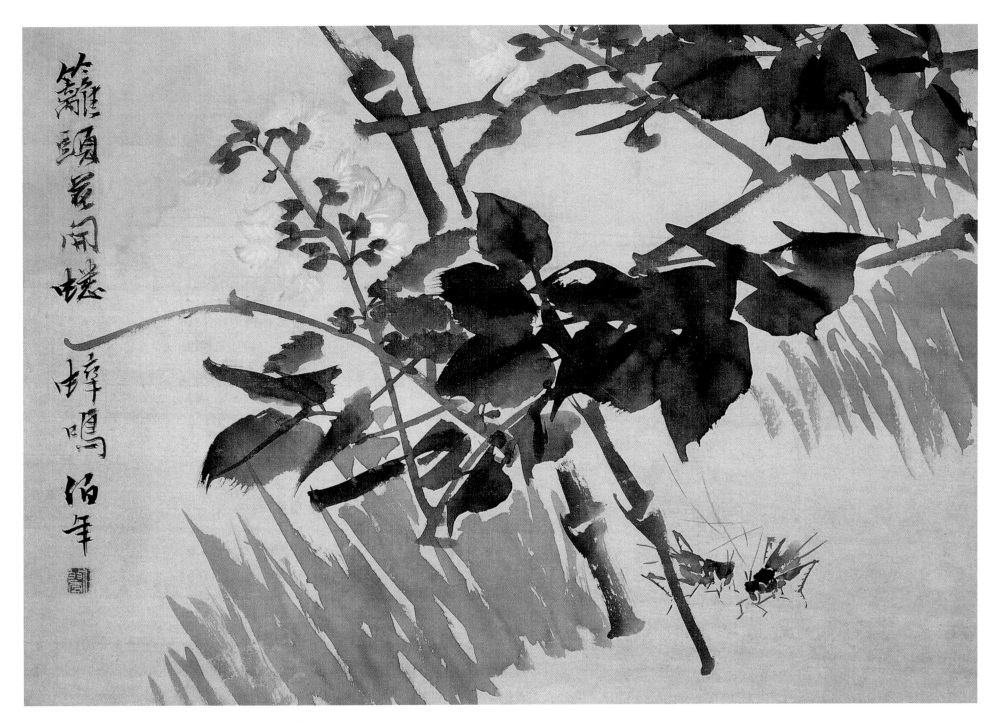

籬頭豆莢開蠶

蟀鳴 伯年 [印]

花鸟册之三　绢本设色　29.5cm×42cm　中国美术馆藏

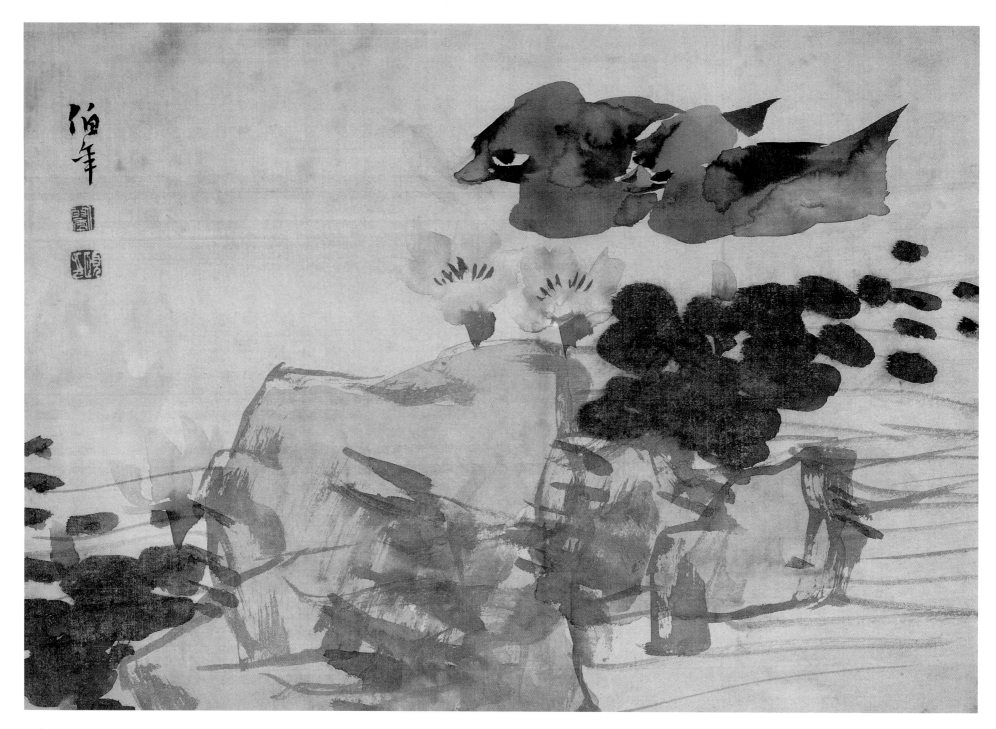

花鸟册之四　绢本设色　29.5cm×42cm　中国美术馆藏

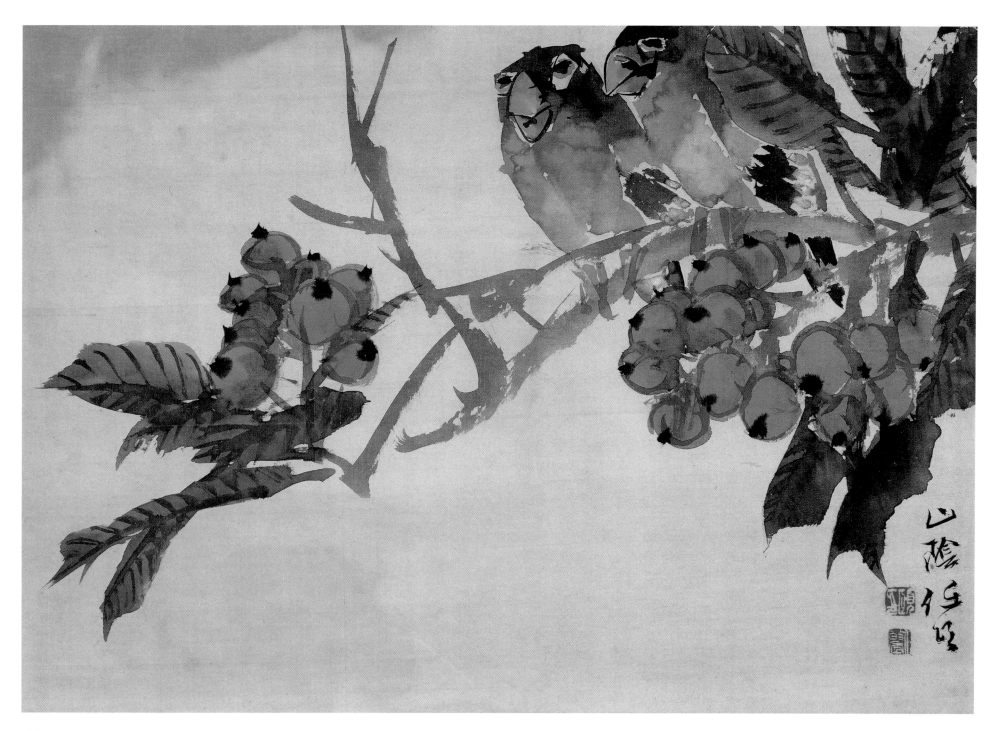

花鸟册之五　绢本设色　29.5cm×42cm　中国美术馆藏

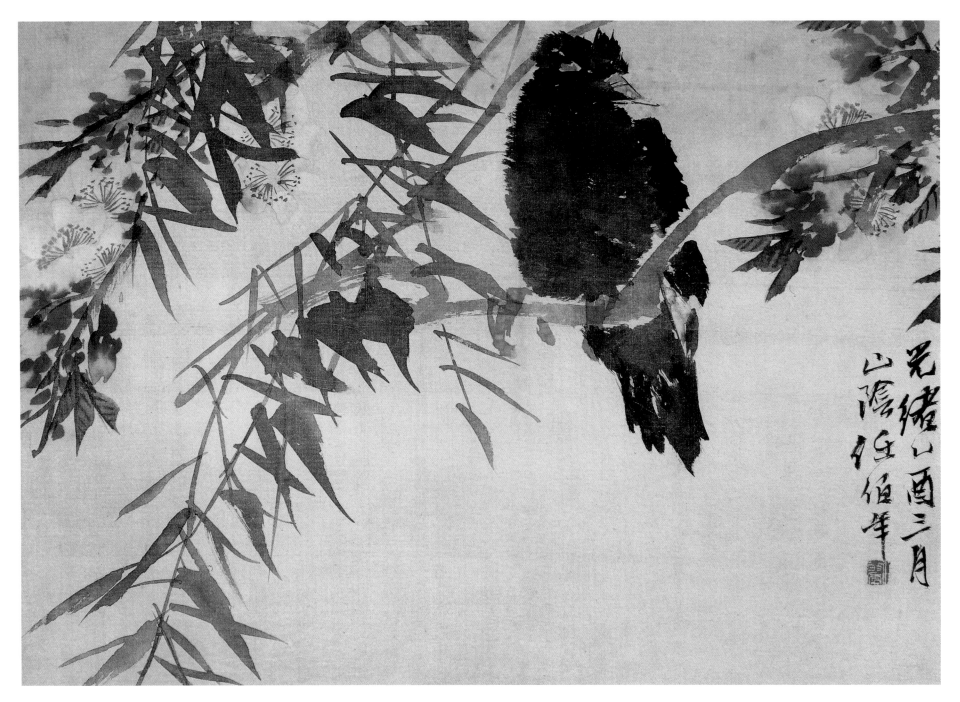

花鸟册之六 绢本设色 29.5cm×42cm 中国美术馆藏

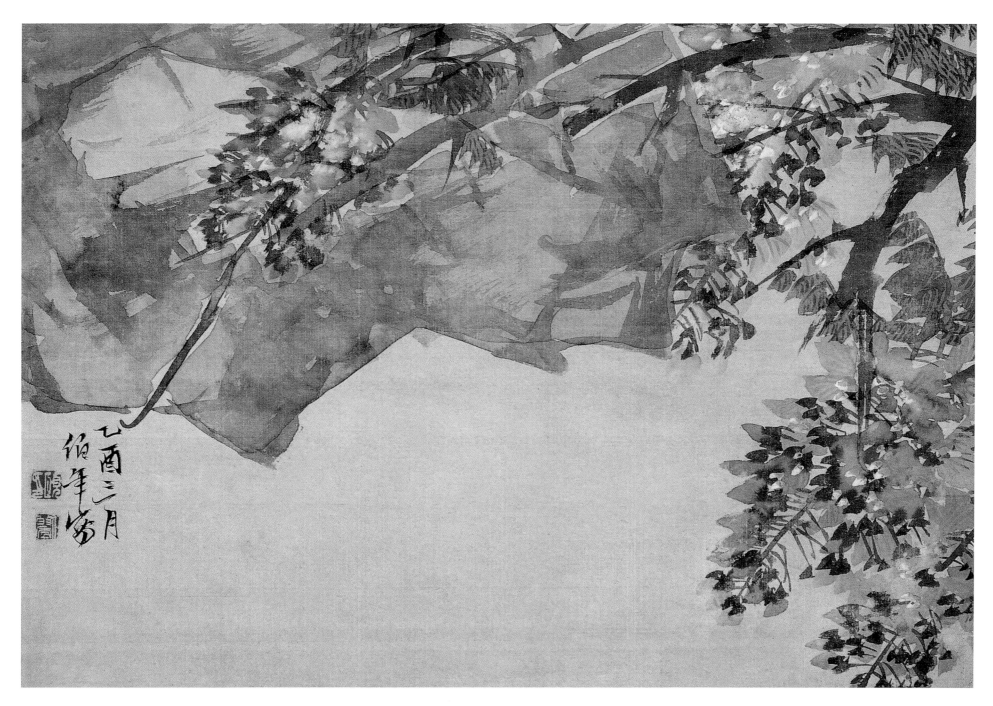

花鸟册之七　绢本设色　29.5cm×42cm　中国美术馆藏

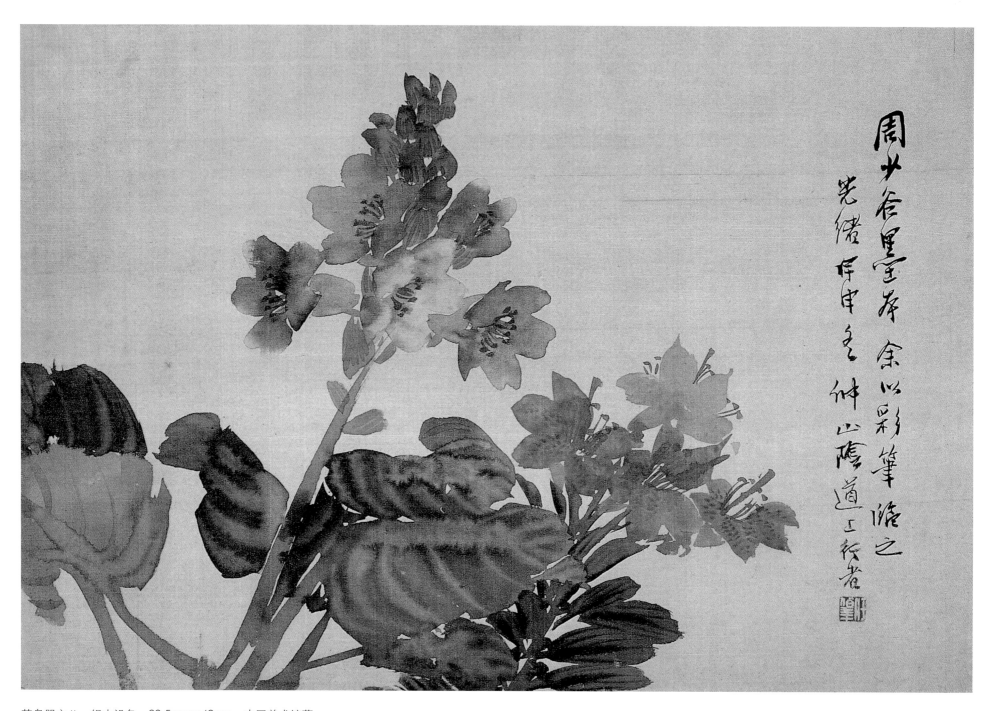

花鸟册之八　绢本设色　29.5cm×42cm　中国美术馆藏

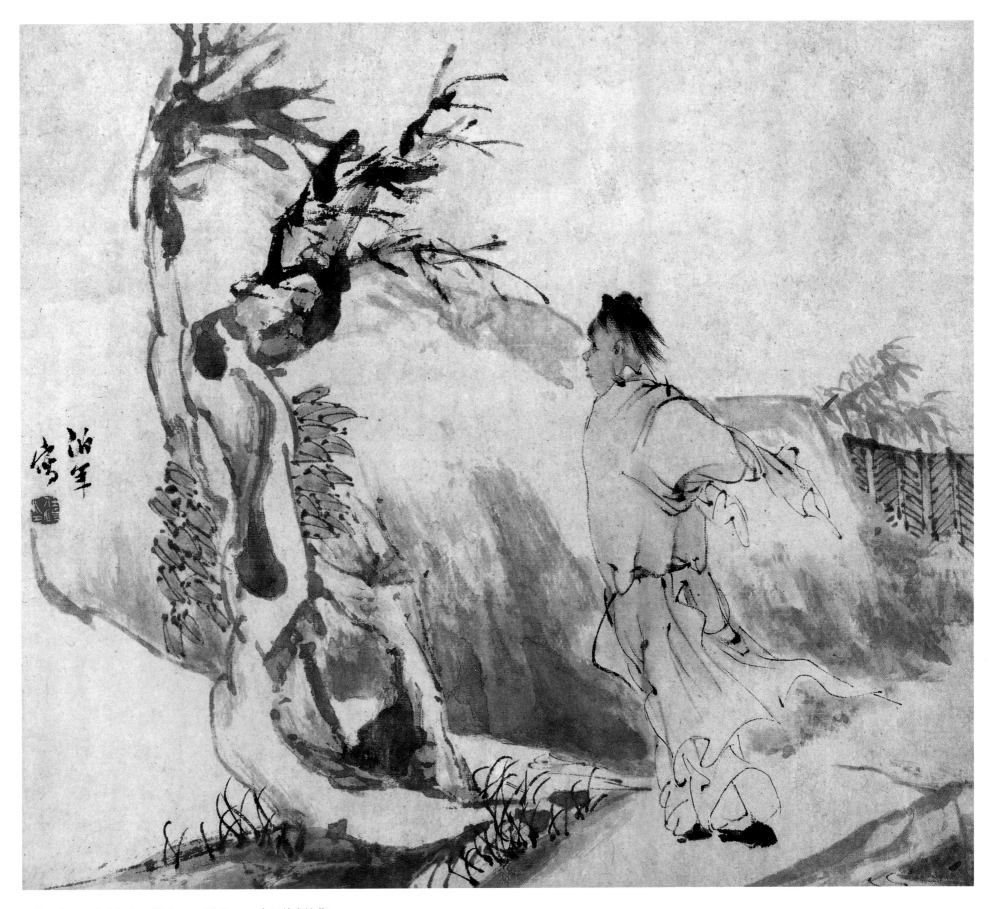

人物册之一　纸本设色　29.8cm×33.7cm　中国美术馆藏

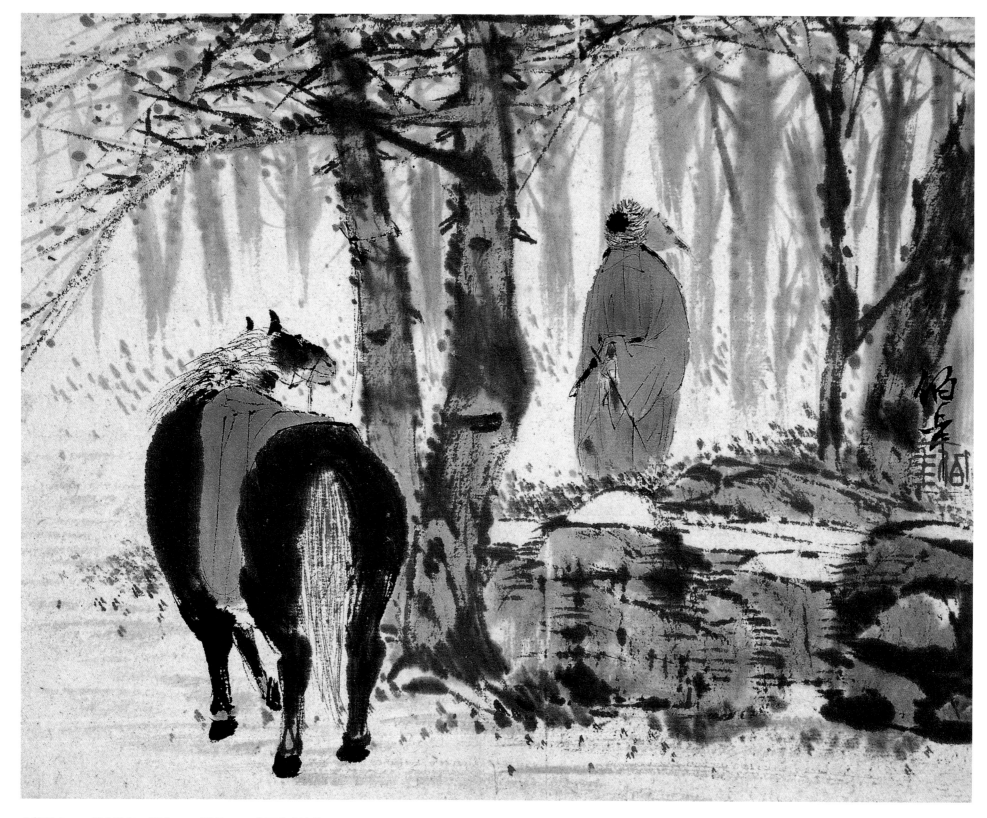

人物册之二　纸本设色　29.8cm×33.7cm　中国美术馆藏

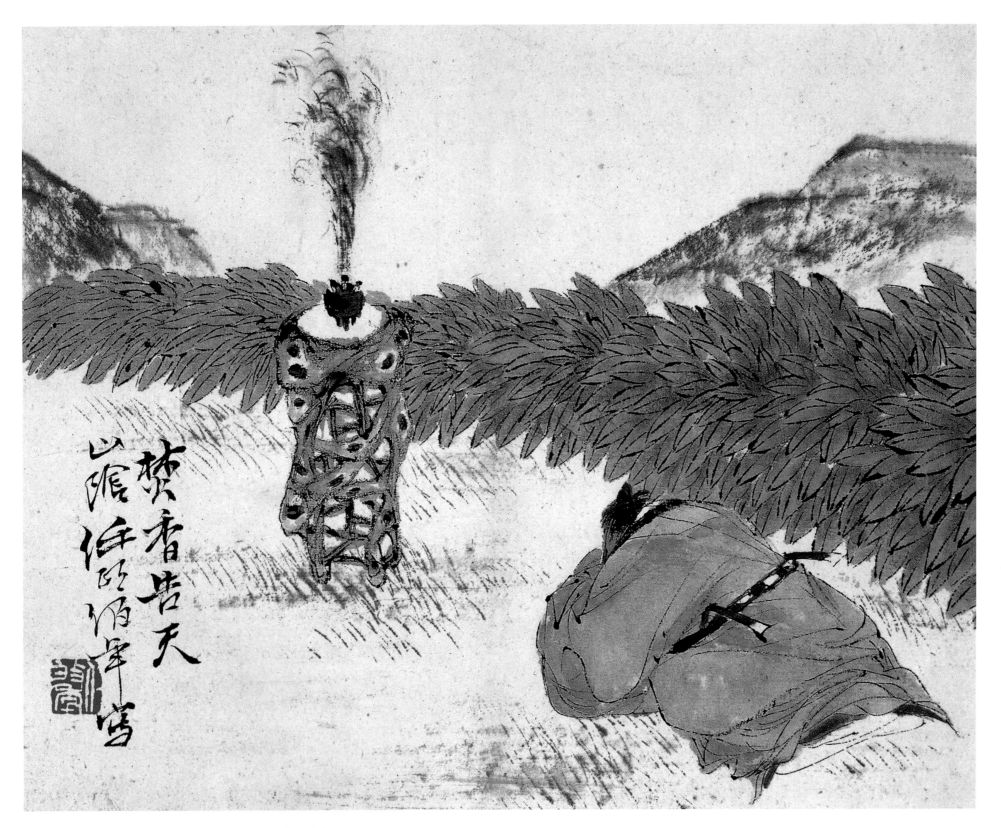

人物册之三　纸本设色　29.8cm×33.7cm　中国美术馆藏

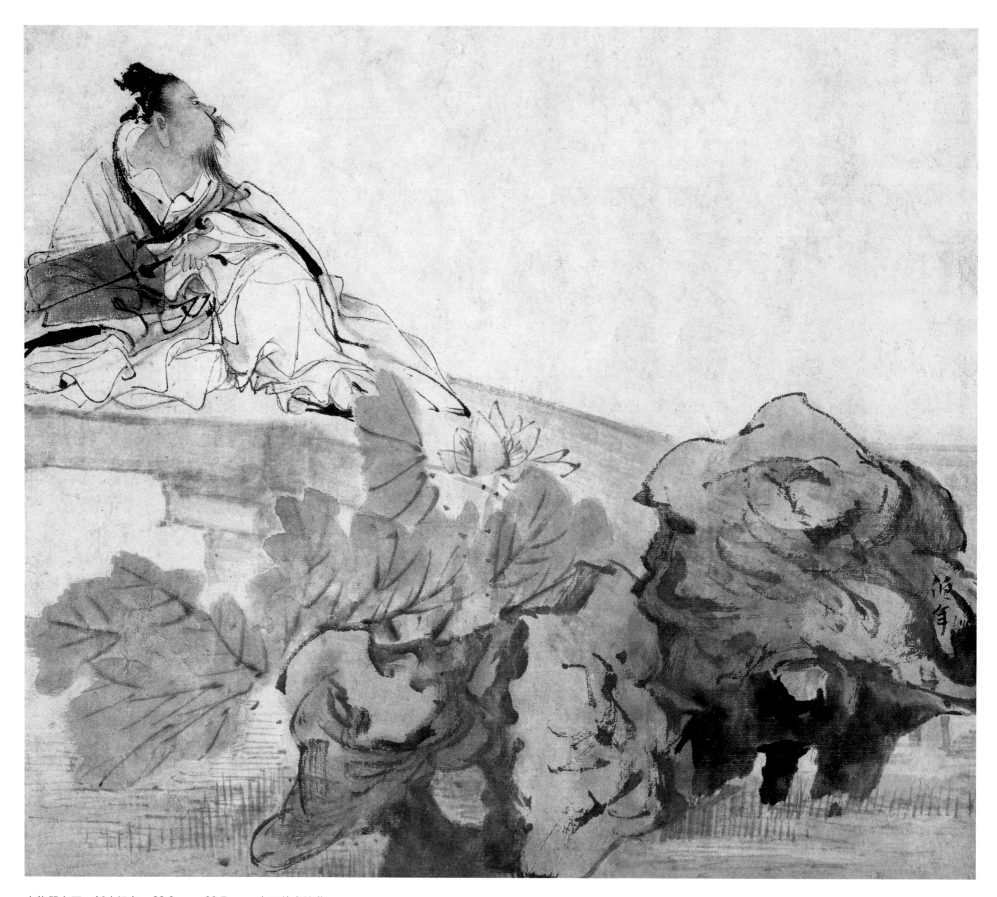

人物册之四　纸本设色　29.8cm×33.7cm　中国美术馆藏

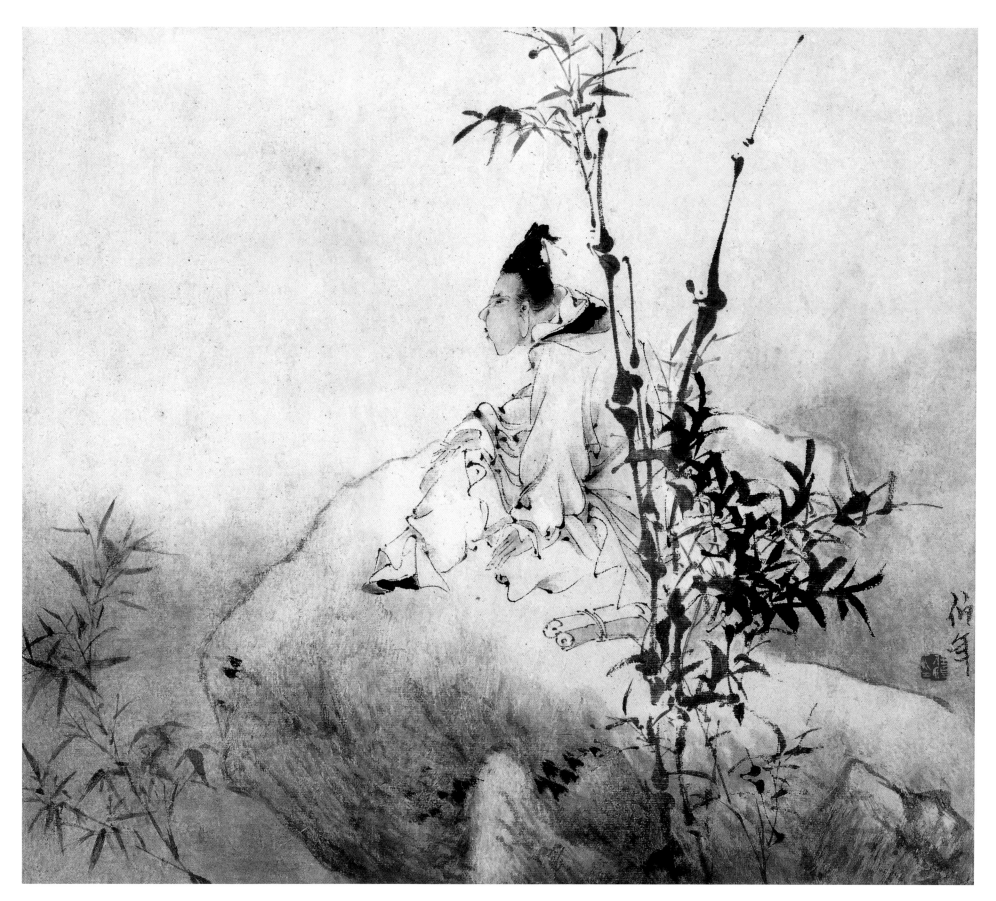

人物册之五　纸本设色　29.8cm×33.7cm　中国美术馆藏

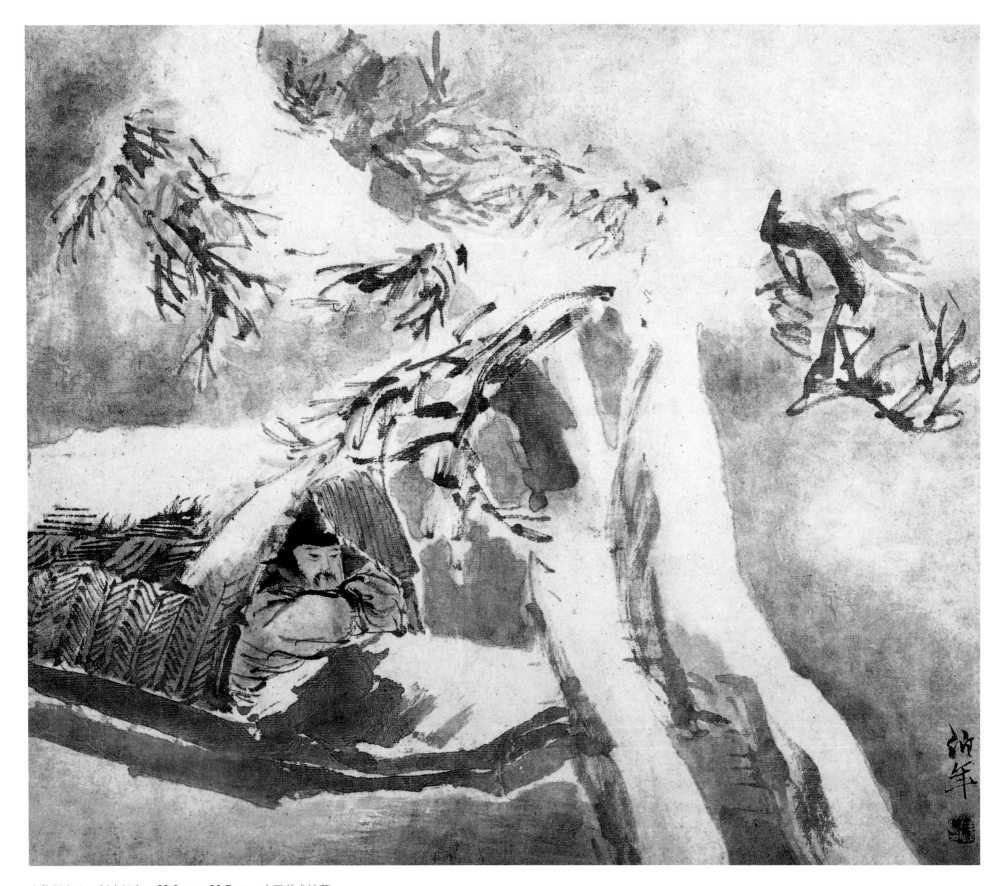

人物册之六　纸本设色　29.8cm×33.7cm　中国美术馆藏

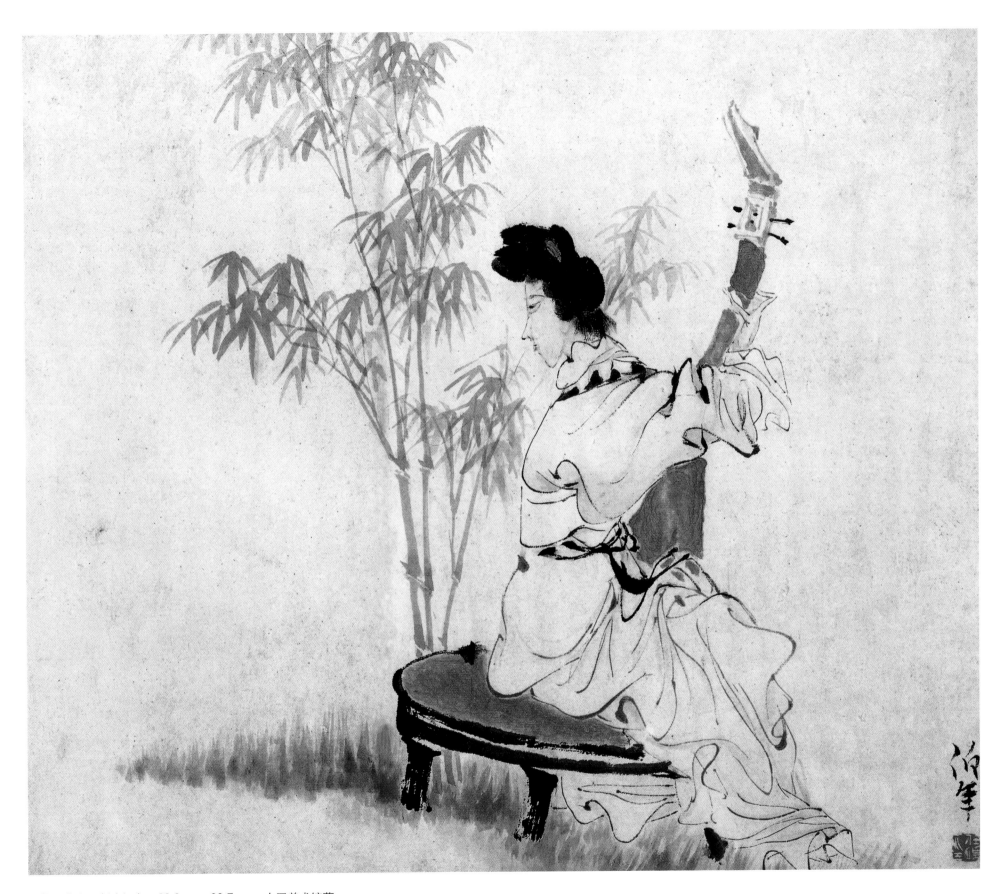

人物册之七　纸本设色　29.8cm×33.7cm　中国美术馆藏

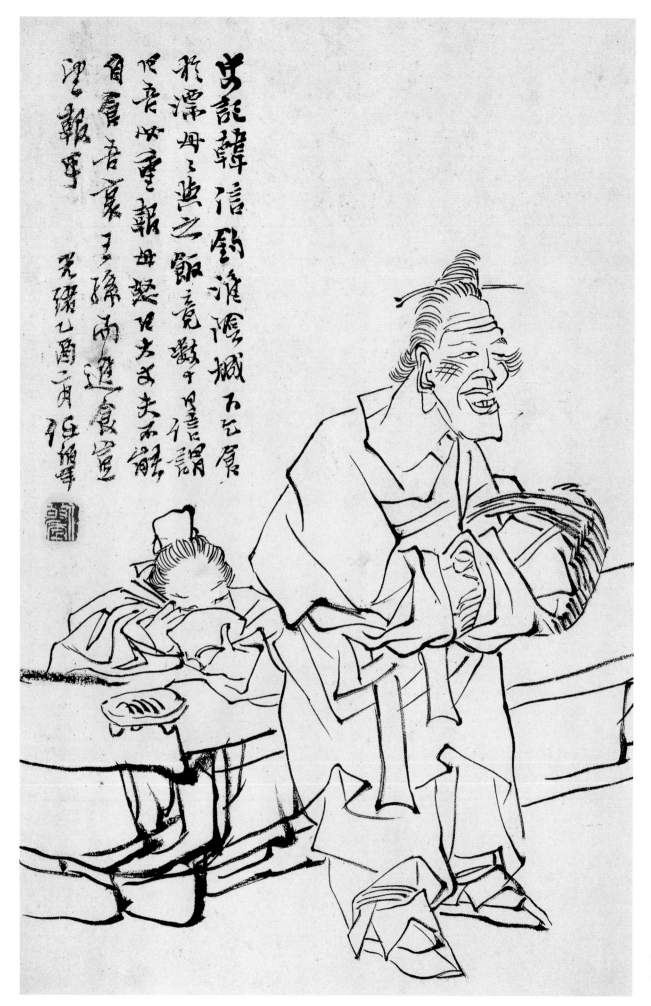

史記韓信釣淮陰城下食
飢漂母之典之飯竟數十日信謂
漂母必重報母怒曰大丈夫而不能
自食吾哀王孫而進食豈
望報乎

光緒乙酉二月任頤

白描人物册之一
纸本墨笔
28.3cm×18cm
中国美术馆藏

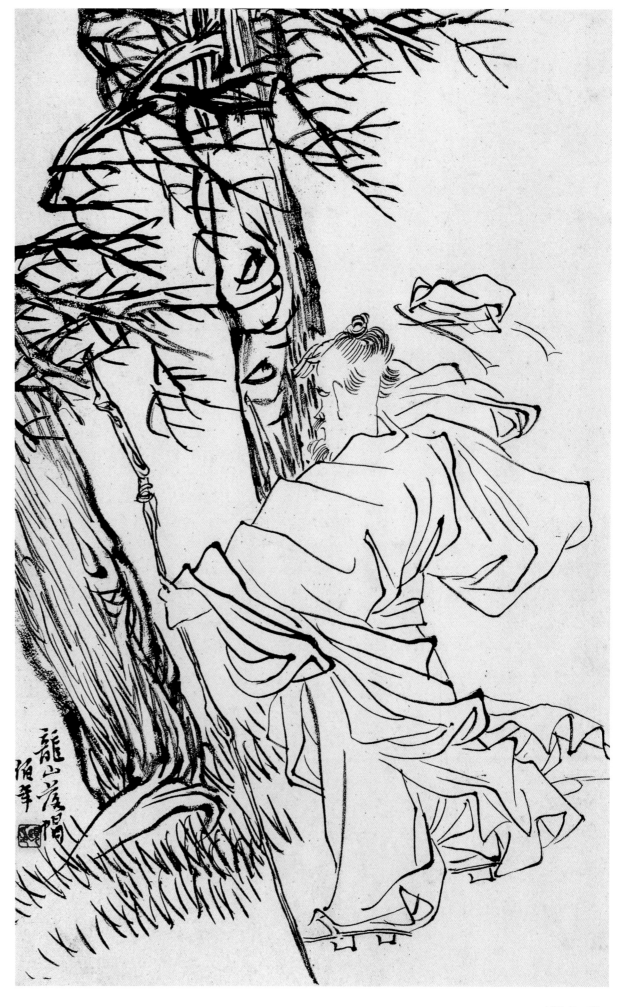

白描人物册之二
纸本墨笔
28.3cm×18cm
中国美术馆藏

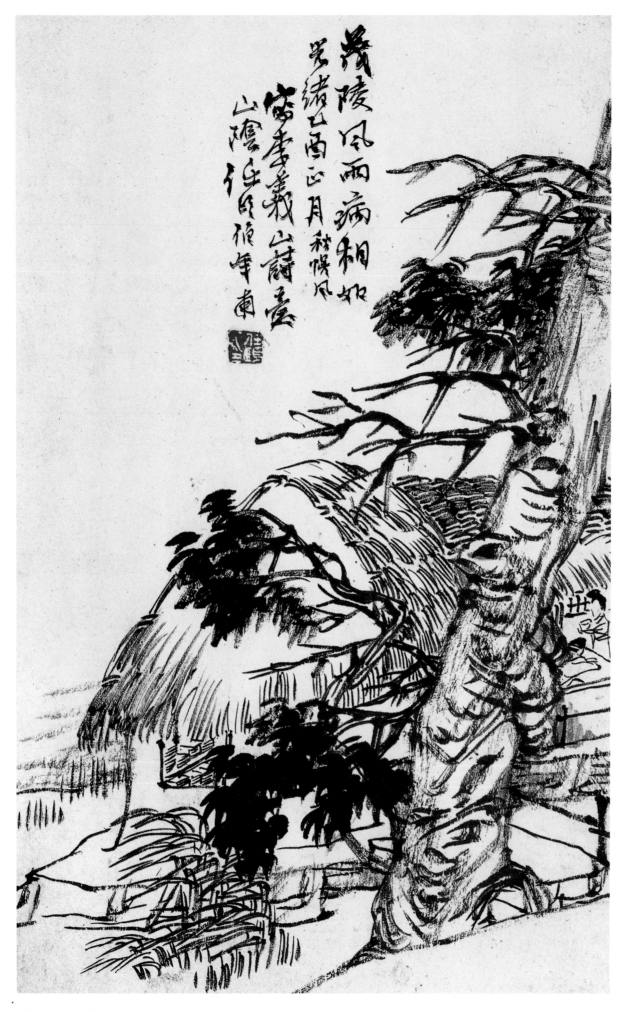

白描人物册之三
纸本墨笔
28.3cm×18cm
中国美术馆藏

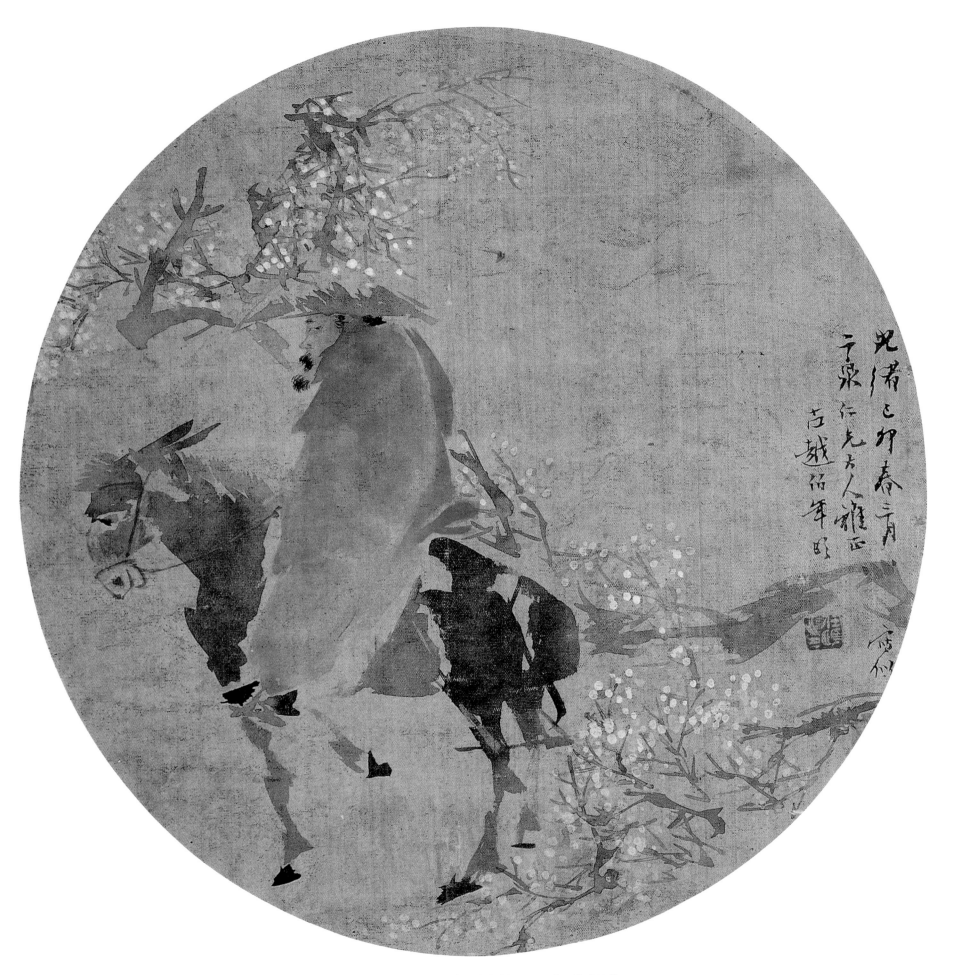

团扇集锦之一　绢本设色　直径28.7cm　中国美术馆藏

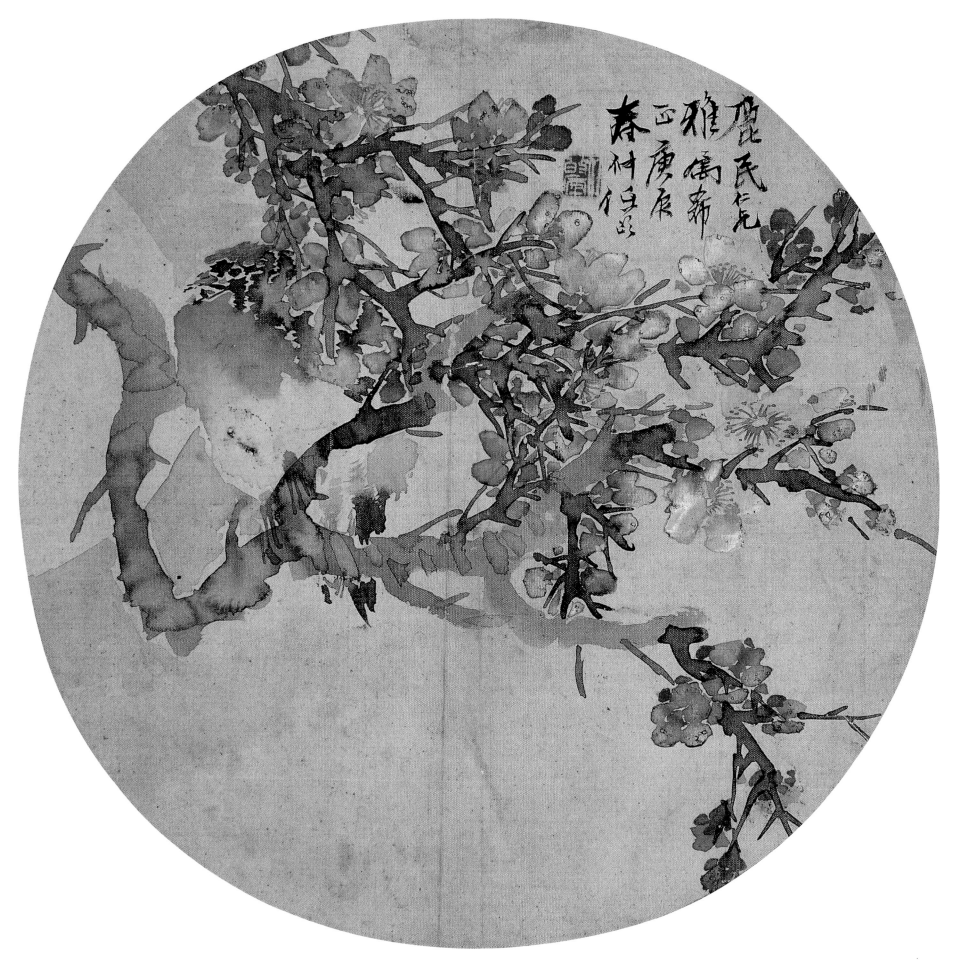

团扇集锦之二　绢本设色　直径28.7cm　中国美术馆藏

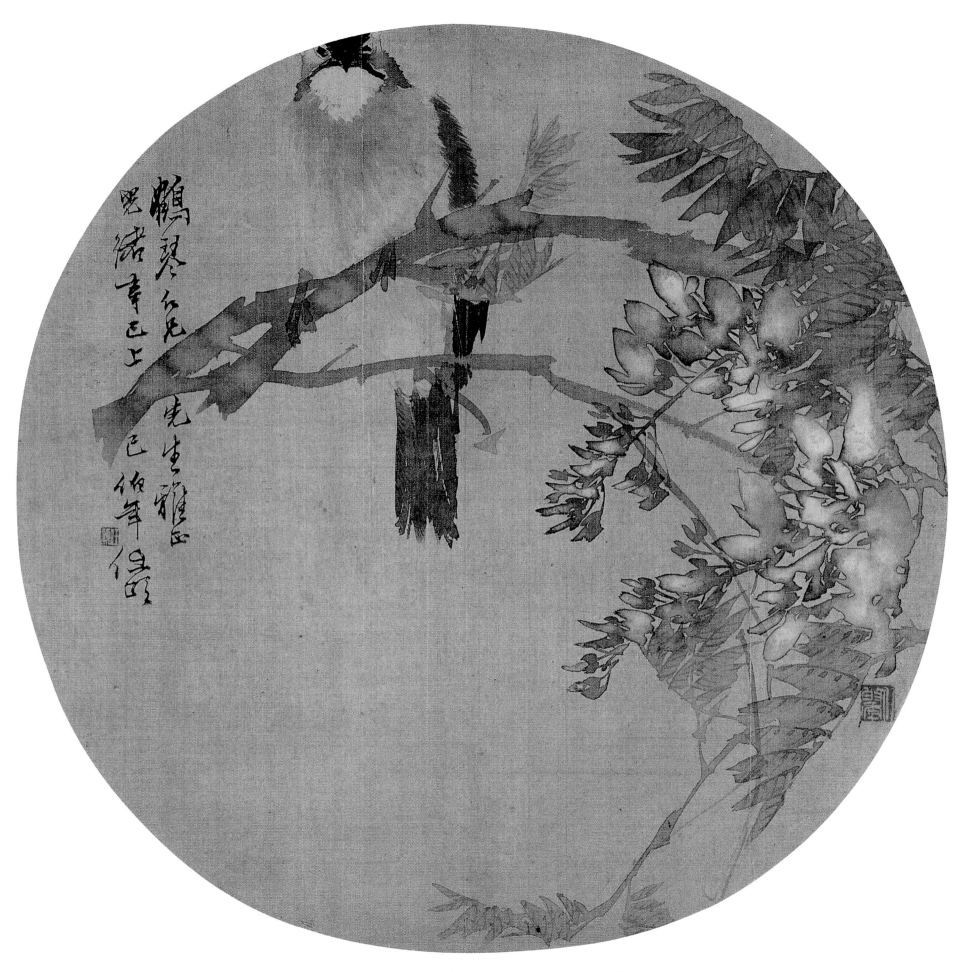

团扇集锦之三　绢本设色　直径28.7cm　中国美术馆藏

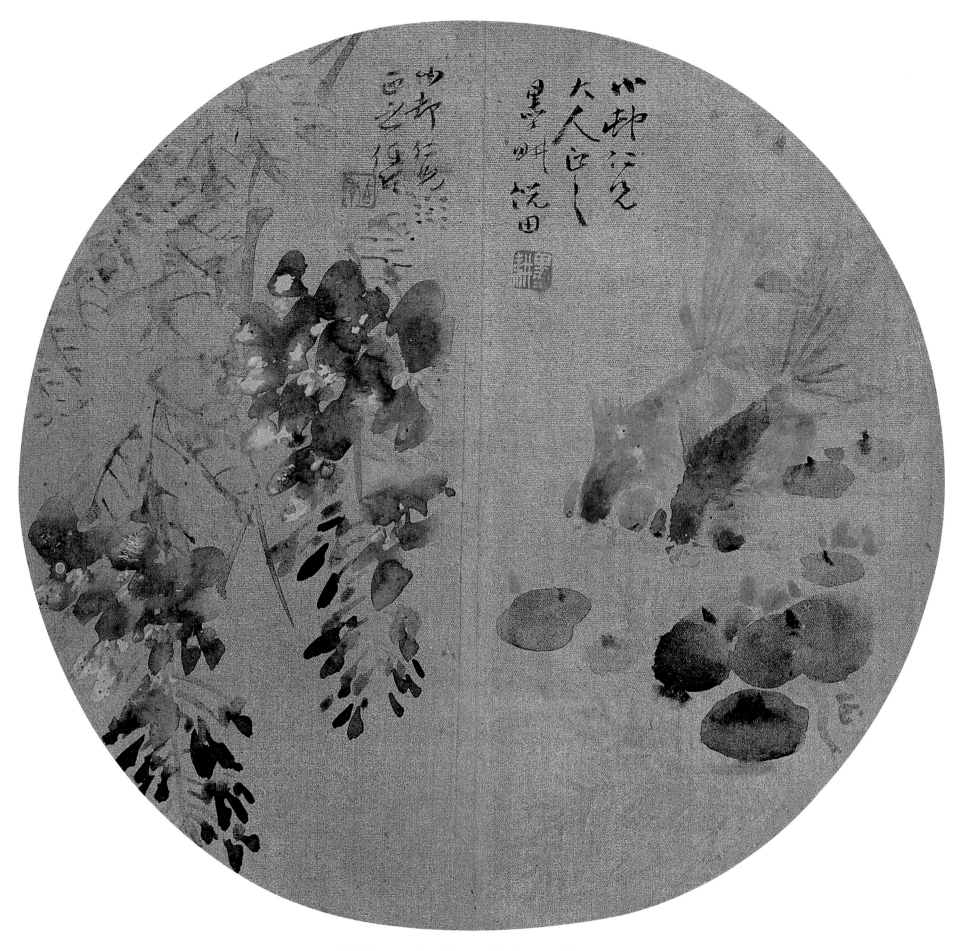

团扇集锦之四　绢本设色　直径28.7cm　中国美术馆藏

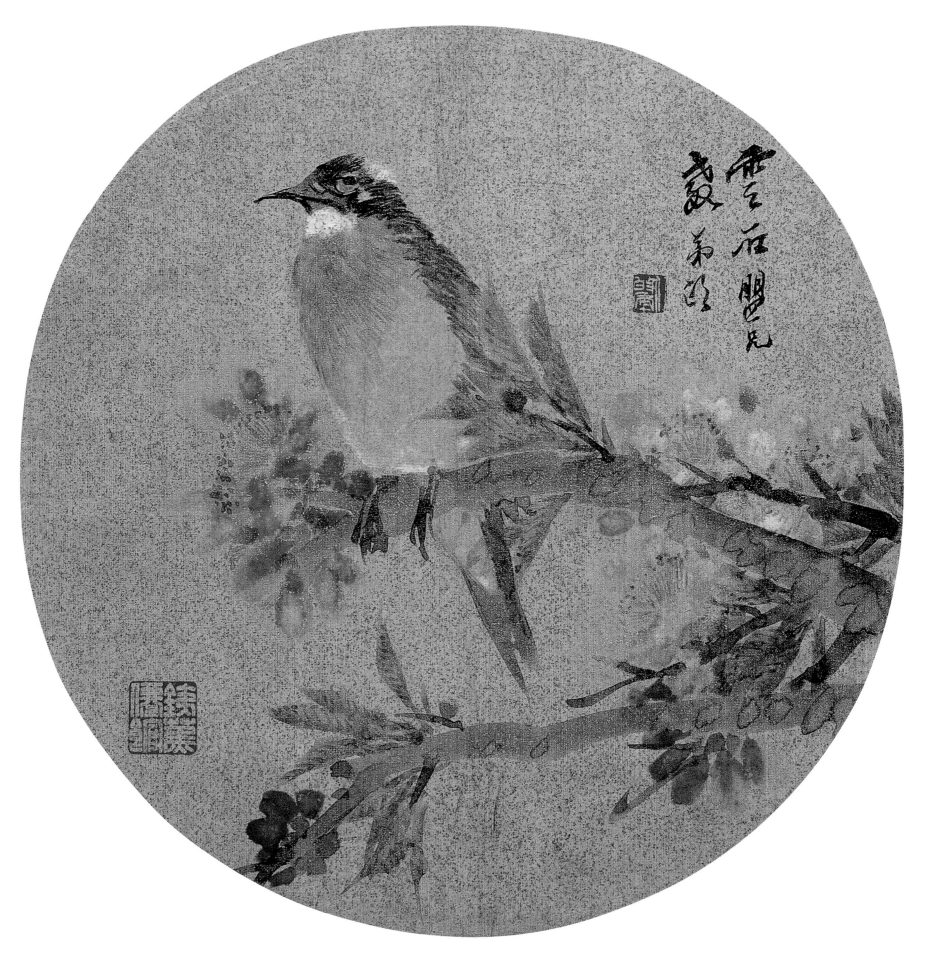

团扇集锦之五　绢本设色　直径28.7cm　中国美术馆藏

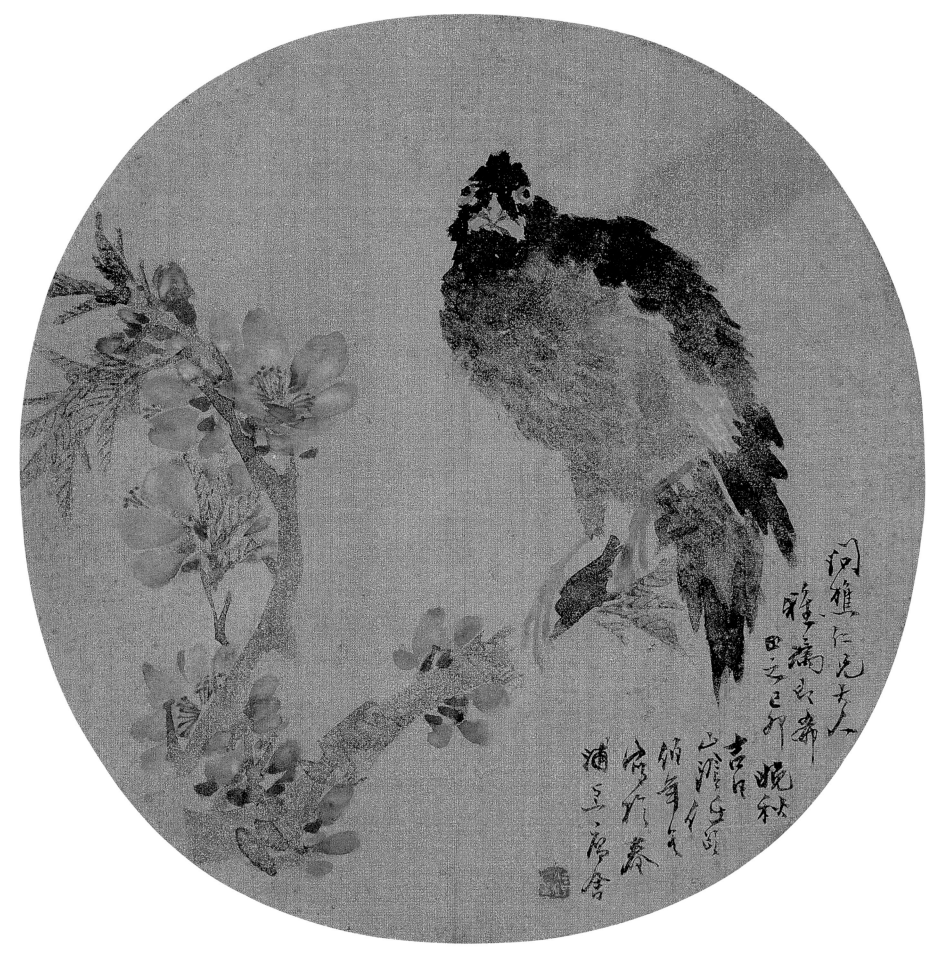

团扇集锦之六　绢本设色　直径28.7cm　中国美术馆藏

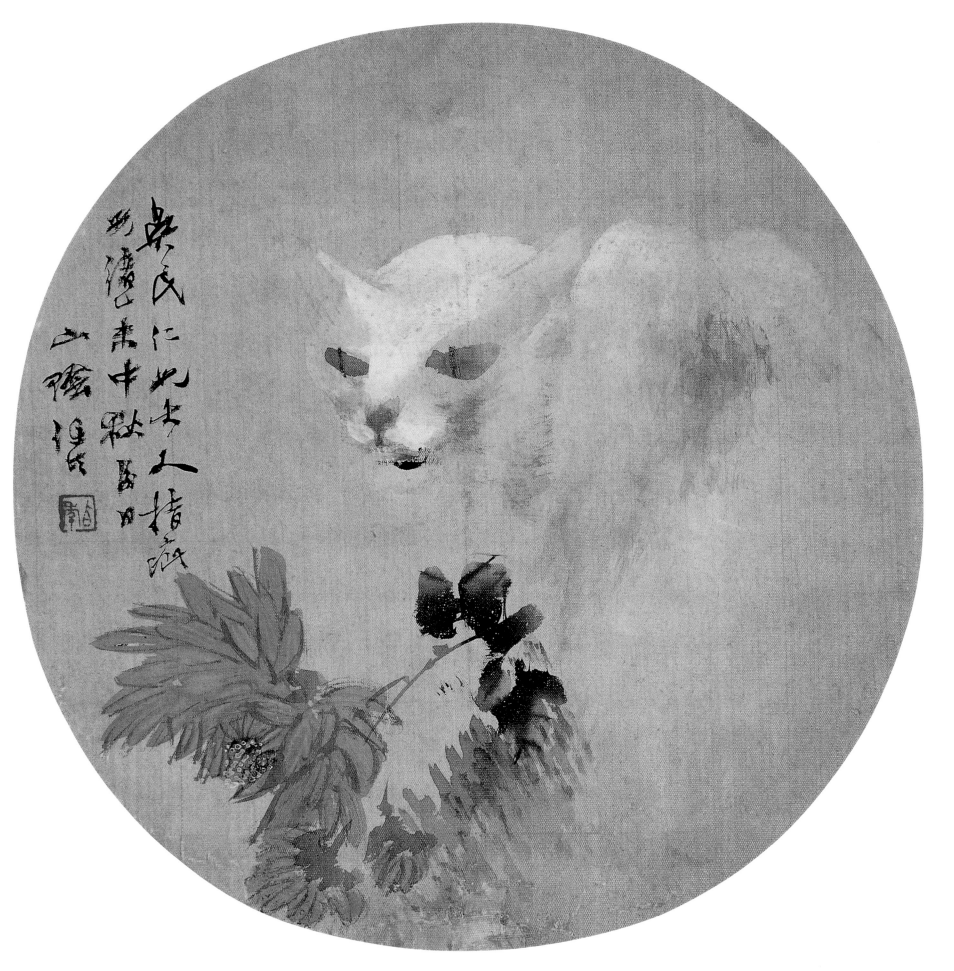

团扇集锦之七　绢本设色　直径28.7cm　中国美术馆藏